창업이라는 긴 여정을 떠나는
당신에게

이 책의 출발점은 창업에 관심이 있는 사람이라면 누구나 한 번쯤 가져봤을 단순한 질문이다.

"창업이란 무엇인가?"

사람에 따라 여러 가지 대답이 나올 수 있다. 어떤 사람에게는 돈을 버는 하나의 수단일 수도 있고, 생의 끝에서 부여잡은 동아줄일 수도 있다. 또 어떤 사람은 가문을 이어 전해내려 갈 가업의 형태로 창업을 생각하는 사람도 있다.

하지만 창업에 대해 생각하는 바는 달라도 날 때부터 창업을 계획한 사람은 없다. 살다 보니, 인생의 흐름이 창업으로 가게 되는 경우가 대부분이다. 대학을 갓 졸업한 이들부터, 은퇴 후 제2의 인생을 준비하는 이들까지 모두 저마다의 사연과 목표를 가지고 창업을 꿈꾸고 있다. 대한민국 창업 후 생존율 17%, 그 안에 들기 위해 나름의 강인한 다짐들을 하고 있다는 이야기다.

하지만 창업을 성공으로 이끌기 위해선 목표와 다짐만으로는 부족하다. 냉철한 판단과 판단을 실행에 옮길 과감함이 필요하다. 그래서 예비창업자들의 올바른 판단력과 과감한 실행력을 높이기 위해 이 책을 집필했다.

이 책을 읽을 당신이 스무 살이던, 예순 살이던 중요치 않다. 초보 창업자이건 베테랑 창업자이건 상관없다. 창업으로 성공을 맛봤던 이들이건 창업으로 인해 쓰디쓴 실패를 맛봤던 이들이건 개의치 않는다. 이 책에는 창업과 관련한 필자의 경험과 식견, 트렌드에 대한 통찰과 현상에 대한 아쉬움과 희망이 담겨 있다. 저마다가 처한 수많은 상황들, 그것을 타개하고 앞으로 나아가기 위한 창업 이정표를 책 곳곳에 깊이 박아놨다.

최승자 시인은 〈삼십 세〉라는 시에서 "이렇게 살 수도 없고 이렇게 죽을 수도 없을 때 서른 살은 온다"라고 썼다. 그의 시구를 창업에 빗대어 표현하자면 "이렇게 살 수도 없고 이렇게 죽을 수도 없을 때 창업을 한다" 정도 되려나.

약간의 과장은 있겠지만 본질은 맞으리라 본다. 요즘 창업을 하려는 이들 중 자신이 '왜' 창업을 해야 하는지 모르고 무작정 창업을 하는 경우가 많다. 물론 그들 나름대로는 이유가 있다 하며 "취업을 해서 직장생활을 하다가 지쳐서", "갑자기 부모님이 목돈을 지원해주셔서", "은퇴 후 하릴없이 시간을 보내는 것 같아서" 등등을 이야기한다. 하지만 잔인하게 이야기 하자면 이것은 창업을 하게 된 이유가 될 수 없다. 최승자 시인의 시처럼 이렇게 살기도 저렇게 죽기도 싫기 때문에 그저 '생각 없이' 창업을 한 것과 진배없다.

창업을 결심할 때 드는 "왜"라는 물음에는 끊임없는 자기 성찰이 들어가 있어야 한다. 창업의 동기가 돈을 벌기 위한 것인지, 아니면 새로운 세상으로의 도전인 것인지, 삶을 더 발전적으로 살기 위한 도약인 것인지에 대해 스스로 면밀히 고민해야 한다.

물론 작금의 대한민국은 "왜?"라는 질문을 스스로에게 하기 어려운 분위기다. 사람들은 1997년의 외환위기와 2008년 글로벌 금융위기 때보다 더욱 힘들어하고 있다. 운명을 진두지휘하며 개척하기 보다 운명이 흘러가는 대로 삶을 살아야 하는 이들이 많아졌다. 이에 "왜?"라는 물음은 어느덧 사치가 되어버렸고, 먹고 살기 위해선 무엇이라도 해야 한다는 강박관념이 깊게 자리하게 된 것이다. 그럼에도 불구하고 우리는 끊임없이 스스로에게 "왜?"라는 질문을 던져야 한다. 지난 2017년 6월부터 현재까지 언론사 칼럼으로 노출된 글들을 한데 모아놓은 이 책을 통해 여러분이 "왜?"라는 질문을 스스로에게 던지기를 바란다.

음악에는 랩과 락, 발라드, 트로트 등이 존재한다. 가사 없이 연주만으로 이루어진 클래식 역시 음악의 중요한 종류 중 하나다. 분명 전하고자 하는 메시지가 동일한데 어떤 곡은 랩으로 또 어떤 곡은 발라드로 표현한 음악들이 있다. 이는 메시지를 어떤 방식으로 표현하고 싶은지에 대한 방향이 다르기 때문이다. 이 책의 글을 쓸 당시 필자는 다양한 방식으로 메시지를 표현하고 싶었다. 그래서 때로는 단호한 랩같이 메시지를 쏟아내기도 하고, 또 때로는 발라드처럼 유연하고 완곡하게 진심을 드러내기도 했다. 물론 강렬한 록 음악처럼 천둥 같은 메시지를 써 내려갔던 적도 있다. 정부, 공정거래위원회, 프랜차이즈 본사를 향해 거침없이 할 말을 했고, 가맹점주들과 자영업자들의 눈물을 닦아줄 방안을 강구하기도 했다. 지난 1년여의 시간 동안 대한민국 사회를 관통한 창업의 트렌드를 놓치지 않으려 애썼다. 〈25시〉의 작가 게오르규가 표현한 '잠수함의 토끼'가 되려 노력했다.

게오르규는 독일 잠수함의 승무원이었다. 잠수함 안은 밀폐된 공간이기 때문에 어떠한 상황 속에서도 생존에 필요한 신선한 공기를 계속 공급해주어야만 승무원을 비롯하여 다른 생명체가 정상적인 활동을 유지할 수 있다. 요즘에는 이를 위한 기계적 장치가 개발되어 큰 문제가 되지 않지만, 당시로서는 이런 준비가 되어 있지 않았던 터라 공기가 탁해지면 민감한 반응을 보이는 토끼를 기계장치 대신 잠수함의 밑부분에 승선시켰다고 한다. 게오르규가 탄 잠수함의 토끼가 호흡곤란으로 고통스러워하다 죽자, 이 잠수함의 선장은 탁한 공기에 비교적 민감하고 환경에 대한 감수성이 유난히 강한 게오르규를 토끼 대신으로 그 자리에 있게 했다. 그는 자신의 이러한 체험을 바탕으로 후에 사회 상황 속에서 문인의 사명을 '잠수함의 토끼'와 같은 존재라고 천명했다.

시인들이 사회 상황에 민감하게 반응을 해 글을 써야 하는 사명감이 있다면 필자는 창업 상황에 민감하게 반응하는 '잠수함의 토끼'가 되어야 만 했다. 이에 그 누구보다 빠르게 창업의 위기를 외쳐왔고, 창업의 희망을 부르짖었으며 창업의 현재와 미래를 가늠해 왔다. 필자는 생의 끝까지 창업에 있어서 만큼은 영원히 '잠수함의 토끼'로 남아 있을 것이다.

이 정 욱 대표
(주)리코플레이트 대표

권순만 원장의 글 중 "생각에도 버릇이 든다"는 구절이 있다. 외식사업을 하며 나에게도 생각에 버릇이 든 적이 있었다. 몸에 밴 버릇보다 고치기 어려운 것이 생각의 버릇이다. 사람과 사람이 맞닿아 있으면 서로 물든다고 했던가. 권 원장을 곁에서 두고 오래 지켜봐 온 바, 나 역시 이제는 생각에 버릇이 들지 않는 그런 사람이 되어 가고 있다. 아마도 그는 다른 이에게 선한 영향력을 끼치는, 그런 인물이 아닌가 싶다.

그가 지난 1년 반이라는 시간 동안 묵묵히 집필해 온 이 원고를 찬찬히 살펴보노라니, 권 원장은 창업을 목전에 둔 이들에게 들려주고 싶은 이야기가 많은 듯하다. 때론 아버지 같이, 또 때론 형제같이 이 책을 읽는 이들에게 진심을 다해 자신의 경험과 생각을 전해주려 한다. 그가 단 한번도 실패하지 않은 사람이었다면, 그의 글이 이렇듯 마음을 울리지 않았을 것이다. 실패를 해 본 사람만이 실패의 두려움을 알 수 있다. 권 원장의 글 곳곳엔 실패의 두려움이 깃들어져 있다. 다만 그 두려움에 정복당한 비굴함이 아닌 그 두려움을 어떻게 이겨내야 하는지에 대한 현명한 책략(策略)이 들어있다.

그리스신화, 올림푸스의 열두 신(神) 가운데 가장 세련된 외관을 갖췄다고 평가 받는 헤르메스. 그가 이러한 평가를 받는데 있어 혁혁한 공을 세운 아이템은 바로 날개 달린 신발이었다. 원하는 곳이라면 어디든 가게 해주는 헤르메스의 신발. 권 원장의 인생관과 경험, 그리고 사유가 들어간 이 책이 창업을 목전에 둔 이에게 헤르메스의 신발 역할을 해 줄 것으로 기대한다. 자신이 원하는 인생의 어떤 방향으로든 훨훨 날게 해줄 수 있는 헤르메스의 신발 같은 역할 말이다.

TV에서건 신문에서건 잡지에서건 자신이 외식 전문가라고 외치고 다니며 무차별적인 외식 컨설팅을 해주는 이들이 많다. 그들 중 실제로 장사를 해 보며 외식 시장의 처연한 현실을 경험해 본 이는 과연 몇이나 될까. 현실에서 멀찍이 떨어져 도표와 산수만으로 책임지지 못할 훈수를 두는 이들을 보면 가슴 깊은 곳에서부터 한 숨이 나온다.

권 원장은 실험하고 예측하는 사람이 아니다. 이 책에 들어 있는 모든 내용은 권 원장이 그간 직접 겪고, 배우고, 공부했던 그의 이야기다. 그러므로 리얼하다. 커다란 권력 앞에서도 당당하게 소신 있는 발언을 하는 그의 모습, 약자를 보면 자신의 옷가지를 벗어 보호하려는 그의 모습 모두 만들어진 이미지가 아닌 외식 현장 한 가운데 살아가는 권 원장의 있는 모습 그대로다.

나는 그를 믿는다. 그의 인품을 믿고, 성실함을 믿고, 말 한 마디까지 모두 신뢰한다. 어떤 이유에서건 외식 창업을 시작하려고 마음 먹은 이들에게 권 원장의 이 책은 따뜻한 집 밥과 같은 역할을 할 것임을 믿어 의심치 않는다. 그보다 말 잘하는 외식 전문가는 많다. 그보다 잘 생긴 외식 전문가들도 있다. 하지만 권 원장보다 여러분을 염려하는 외식 전문가는 없다. 그 사실 하나만으로 이 책은 읽을 가치가 충분하다.

Contents

Contents

Chapter 2

 창업여정에 반드시 따라오는
숨어있는 그림자

Chapter 3

 창업의 갈림길에 서서

──────── Contents ────────

Chapter 4

아직도 끝나지 않은 창업의 길

Chapter 5

 부 록

창업이란 긴 여정을 떠나는 당신에게

Chapter 1

창업으로 떠나는
여정

Chapter 1 /

창업으로
떠나는 여정

갑을 관계의 허상

갑(甲)이 가지고 있는 뜻을 묻는다면 당신은 어떤 대답을 할 것인가. 사전적 의미에 따르면 "차례나 등급을 매길 때 첫째를 이르는 말"이지만 어쩐지 한국 사회에서는 그 사전적 의미가 크게 와 닿지 않는다. 한국 사회에 만연한 갑의 이미지는 고압적이고 폭력적이며 몰상식의 이미지다. 흔한 말로 갑을 관계는 상하 관계, 주종 관계와 진배없다. 그리고 그 관계는 왕왕 비극적 결말을 초래하기도 한다.

며칠 전, 한국 대형 프랜차이즈 기업의 회장이 대국민 사과를 하며 자리에서 물러난 바 있다. 이른바 갑의 횡포라 불리는 그 기업의 난폭한 보복 행위로 인해 옛 점주는 자살을 선택했고, 이는 우리에게 뜨거운 화두로 떠올랐다. 분명 통탄해야 하고 분개할 만 한 일이지만 이와 유사한 일들은 이미 우리 곁에서 은밀히 그리고 치밀하게 일어났고 또 일어나고 있는 중인지도 모른다. 한가지 질문을 하겠다. 프랜차이즈 본사와 가맹점주. 이들의 관계는 갑을 관계인 것인가. 아니면 파트너의 관계인가. 이 질문에 선뜻 답하기 어렵다면 미국 프랜차이즈 유통전문가인 존 칼슨 부사장의 이야기에 귀를 기울여 볼 필요가 있다.

최근 한국프랜차이즈산업협회 'KFCEO6기'의 특강으로 진행된 세미나에 존 칼슨 부사장이 참석했다. 던킨도너츠, 베스킨라빈스, 커피빈, 토고샌드위치의 개발·운영 공급망관리 마케팅 직책을 수행한 전문가이자 미국 요거트랜드 개발부문 부상장인 그는 이 날 세미나를 통해 두 가지 커다란 메시지를 전달했다. 하나는 인건비 절감이 미국을 비롯한 세계 각국 프랜차이즈 기업이 당면한 숙제라는 것, 그리고 프랜차이즈는 고객, 가맹점주, 회사(투자자)가 중요하며, 가맹본부와 가맹점 간의 믿음이 없다면 성공할 수 없다는 것이 둘째다.

한국에서와 마찬가지로 미국에서 역시 가맹본부와 가맹점 간의 분쟁은 존재한다. 이를 극복한 방법에 대해 존 부사장은 믿음의 관계를 성립하기 위해 완전히 솔직하고, 마음을 열어서 대화를 했다고 밝혔다. 비즈니스는 솔직함 속에서 서로 간의 믿음으로 관계를 만들어가야 한다는 것이 그의 지론인 셈. 그렇다면

'어떻게?' 에 대해서도 궁금해진다. 존 부사장은 이에 대해 가맹점주들에게 프랜차이즈 운영방식과 이윤에 대한 사용처를 솔직하게 이야기해준다고 전했다. 점주들 대부분이 가맹본부가 많은 돈을 챙기는 것을 기본으로 생각하고 있지만, 솔직하게 이야기하고 소통함으로써 어디에서 벌고, 어디로 쓰는지를 공개하는 것이 중요하다는 이야기다.

사실 가맹본부와 점주 사이에 발생하는 갈등의 씨앗은 서로가 서로를 믿지 못하는 데서부터 움튼다. 가맹본부의 독단적 결정과 강압적 의사소통은 점주들로 하여금 파트너십에 금이 가게 하고 결국 돌이킬 수 없는 파국의 결과를 낳게 된다. 결국 서로를 위하는 마음 없이 돈만을 쫓는 지향성만 강조하다 보니 한국 프랜차이즈 가맹본부와 점주들은 그 관계를 오래도록 유지하지 못하는 것이 작금의 슬픈 현실인 셈이다.

우리 솔직해지자. 창업을 준비하는 자도, 그들에게 창업을 도와주는 기업도 솔직해져야 한다. 말을 하지 않으면 모른다. 아무리 좋은 일이라도 입을 열어 알려야 그 목적성이 훼손되지 않는 것인데, 함께 일을 하는 동반자들끼리 대화가 아닌 지시와 명령만으로 관계를 유지하는 것은 결코 건강하지 못하다. 가맹본부와 가맹점은 갑을 관계가 아니다. 가맹점주는 가맹본부의

하수인이 아님을 명심하고 떳떳한 파트너로서의 품위와 절도를
잃지 말아야 한다.

최저임금 인상, '프랜차이즈' 변해야 산다

"벌벌 떨다", "숨죽이고 있다", "몸을 사리다" 스릴러 영화의 피해자에게 흔히 쓰는 이런 표현들이 요즘 뉴스에 자주 등장하고 있다. 이 극적인 표현의 스포트라이트를 받고 있는 주인공은 프랜차이즈 본사들이다. 대형 프랜차이즈의 '갑질' 사건이 연이어 터진 후 프랜차이즈 업계를 향한 국민들의 시선이 싸늘해지고 있다. 거기에 더해 국무회의에서 가맹점 권익 강화를 골자로 하는 '가맹사업법' 개정안이 통과해 분쟁 시 프랜차이즈 본사 책임이 더 커졌다. 이에 프랜차이즈 본사들은 현재 벌벌 떨고, 숨죽이며 몸을 사리고들 있다. 그런데 한 가지 의문이 든다. 과연 프랜차이즈 본사들이 하고 있는 지금의 행동들이, 사태를 원만하게 해결하기 위한 옳은 행동일지에 대해서 말이다.

최근 불거진 프랜차이즈 오너들의 어이없는 행태에 대해 필자 역시도 분노한다. 있을 수도 없는 일이며, 해서는 안 될 '짓'들을 분명히 벌였고 그에 대한 죗값 역시 톡톡히 받아야 한다. 하지만 그들이 벌인 '짓'들로 인해 다른 선량한 프랜차이즈까지 매도 당하는 것은 안 된다. 프랜차이즈의 브랜드를 기획하고, 탄생한 브랜드를 소비자들에게 어필하기 위해 지새우는 밤은 열 손가락 열 발가락을 다 써도 헤아리기 힘들다. 그렇게 어렵고 힘든 과정을 거쳐 탄생한 프랜차이즈 브랜드들이 싸잡아 욕을 먹고 있다. 어쩌면 우리는 지금 성급한 일반화의 오류를 하고 있는지도 모른다.

프랜차이즈 전문가인 조동민 박사 역시 이 일련의 사태를 지켜보며 걱정 어린 심정을 내비쳤다. 그는 진흥과 규제는 함께 쌍두마차처럼 가야지 지금처럼 규제 일변도로 가면 안 된다는 견해를 밝혔다. 정부가 그토록 부르짖는 일자리를 창출에 혁혁한 공을 세우고 있는 것도 프랜차이즈고, 세계로 뻗어나가 국위선양을 진두지휘하고 있는 것 역시 프랜차이즈다. 정부가, 언론이 한 목소리로 프랜차이즈 업계 전체를 매도해서는 지금까지 한국 프랜차이즈가 일궈놓은 모든 것들이 수포로 돌아갈 수 있다. 일자리 창출, 자영업자들의 경쟁력 강화, 글로벌 진출, 외화 획득 등 미래의 순기능도 생각을 해봐야 할 사안이다.

하지만 지금 이 상황에서 그 누구도 말문을 쉽사리 열지 못한다. 프랜차이즈 업계의 그 어떤 오너와 임직원 중 선뜻 나서서 진흥과 규제의 균형적인 진행이 필요하다 주장하지 못한다. 이유는 간단하다. 국민의 심기를 건드려 불매운동으로 벌어지는 사태를 피하고자 함이고, 정부의 눈치를 보며 찍히지 않으려 함이다. 하지만 프랜차이즈 업계도 브랜드 이미지에만 생각을 침몰시키지 말고 자신의 의견을 적극 개진해야 한다. 올 초부터 한국프랜차이즈산업협회를 이끌고 있는 박기영 회장처럼 말이다. 박회장은 모 메이저 일간지와의 인터뷰를 통해 "프랜차이즈는 여전히 규제보다는 진흥이 필요한 산업이다. 잘못된 것은 계속 지적해 달라. 하지만 프랜차이즈라는 업의 특성은 지켜 낼 수 있도록 균형 있는 비판을 해 줬으면 한다." 라고 목소리를 냈다.

박 회장의 말처럼 필자 역시 프랜차이즈를 규제만 한다고 해서 근본적인 해결이 되진 않으리라 본다. 프랜차이즈도 점주 마케팅 위원회, 점주 협의회 등을 만드는 노력을 경주해야 하고, 정부 역시 진흥과 규제의 균형이 잡힌 제도적인 장치를 마련해야 한다. 합죽이가 돼버린 프랜차이즈 대신 어렵게 말을 꺼낸 박 회장의 심정을 헤아려 달라. 모두가 낭떠러지로 떠밀려 가는 중에 누군가는 목청껏 소리 높여 살아남으려는 노력을 경주해야 하지 않겠는가.

　프랜차이즈가 집중포화를 맞고 있는 이 와중에도 자신의 자리에서 묵묵히 제 할 일을 하는 기업들이 많다. 국격을 높이는 프랜차이즈의 글로벌화를 위한 노력을 계속하고 있고, 본사와 가맹점주들 간의 소통을 위해 무던히도 애쓰는 기업들 말이다. 예를 들어 한경기획은 인도네시아에서 투자를 제안받아 곧 청년다방, 은화수식당, 연화당을 인도네시아에 런칭 할 계획이다. 투자를 해서 외국으로 들어가는 선례는 많았지만 역으로 투자를 제안받는 경우는 흔치 않다. 청담이상의 리코플레이트는 가맹점주들과의 적극적인 소통을 이어가며 상생하는 프랜차이즈로서의 본보기를 보여주고 있다. 푸디세이는 가맹점주들과 전체 카톡방을 만들어 휴일에도 쉬지 않고 그들의 이야기에 귀를 기울이고 있다. 이들의 모든 노력이 허사가 되고 매도되지 않도록 다양한 관점의 심도 있는 비판과 격려가 필요한 시점이다.

속도보다 방향이 먼저다

한국의 대표적인 악(惡) 문화 중 "빨리빨리" 문화가 있다. 커피 뽑는 자판기에 손을 먼저 들이밀거나, 펄펄 끓는 찌개를 냅다 입에 집어넣는 등 한국인들에게 "빨리빨리" 문화는 일상생활에서조차 굳건히 자리 잡고 있다. 그런데 이 "빨리빨리" 문화가 현재 한국 프랜차이즈 업계를 둘러싼 갈등 가운데서도 여지없이 나오고 있다. '을을 향한 상생과 배려'의 목소리가 커지고 있는 가운데, 이를 타개하기 위한 해결책이 영 마뜩잖다. 올바른 방향을 잡지 않고 속도만 내라고 다그치는 모양새고, 속도만 내다보니 나침반은 하염없이 뱅글뱅글 돌고 있다.

정부의 압박과 프랜차이즈 업계의 자정안에 대해 기대감을 가지고 있는 사람들도 있을 터다. 하지만 개인적으로는 회의적인 시각을 가지고 있다. 갑과 을, 좋은 프랜차이즈 본부와 나쁜 프랜차이즈 본부로 나뉜 이분법적 사고가 기가 막힐뿐더러, 정부의 해결 촉구 방법이나 프랜차이즈 협회의 대응이 너무 급작스럽고 방향도 잘못된 것처럼 보이기 때문이다.

사실 정부에서 신경 써야 하는 것은 프랜차이즈 본사들에게 본때를 보여주는 것이 아니다. 자영업자들을 위해 정말 신경 쓴다면 세금, 임대료, 인건비 이 세 가지에 대한 대책을 진작에 내놨어야 한다. 정부는 이런 정책에는 무관심하면서 일부가 행한 갑질에만 온 신경을 쓰고 있다. 겉으로 드러난 소수의 행태에 집착하지 말고 프랜차이즈 업계 기저에 깔려있는 소상인들의 현실을 직시했었어야 한단 이야기다.

현재 사회 전반적으로 자영업자나 가맹점주가 홀로 성공을 거두기에는 그들을 둘러싼 환경이나 상황이 열악하고 취약하다. 지나간 시절에는 카드 사용 빈도가 낮아 절세 방법도 용이했지만 현재는 세금을 절약한다는 게 쉽지 않다. 이들은 부동산 정책에도 직접적인 영향을 받아 매장의 분양가가 높고 임대료는 하늘로 치솟고 있어 어려움을 겪고 있다. 인건비 역시 지속적인 상승에, 최저임금 1만 원 시대가 곧 도래한다. 임대료, 인건비, 세금을 납부하다 보면 이들에겐 남는 게 없다. 거기에 적자라도 발생한다면 위에 관련된 기관들에 범법자로 불려 다녀야 하는 상황들이 발생하기도 한다. 정부는 이들의 입장에서 천천히 생각을 해보고 진중하게 사태 해결을 모색했었으면 하는 아쉬움이 든다.

예전, 어딘가에서 봤던 그림 하나가 떠오른다. 호롱불을 든 맹인과 항아리를 짊어진 꼽추의 그림이었다. 필자는 그 그림이야 말로 상생의 의미를 진정성 있게 전하고 있다 생각한다. 맹인은 밤에 호롱불이 필요 없는데도 꼽추를 생각하며 호롱을 드는 수고를 마다하지 않는다. 등이 아픈 꼽추는 눈이 안 보이는 맹인을 위해 자신의 불편한 등에 항아리를 올려놓는 고통을 참아낸다. 서로의 입장에서 생각하는 것, 그것이 최고의 배려이자 상생이라고 생각한다.

이런 상생의 노력을 프랜차이즈 업계가 모르쇠로 일관한 것은 아니다. 하지만 이들의 노력에도 불구하고 프랜차이즈는 이제 로열티를 받으면 좋은 기업, 물류비를 받으면 나쁜 기업이라는 프레임이 씌어지게 됐다. 여기에는 정부의 압박에 프랜차이즈협회가 너무 빨리 백기투항을 한 탓도 있으리라 본다. 제대로 된 방향 설정이 되지 않은 상태에서 가속 페달을 너무 일찍 그리고 세게 밟아버린 듯 하다.

프랜차이즈 업계 한 가운데 놓인 나침반은 지금 어느 한 방향을 가리키지 못하고 있다. 프랜차이즈협회가 어떤 해결책을 내놓을지 몹시 궁금하다. 프랜차이즈 본사와 가맹점 간 진정한 상생의 방향으로 정부와 프랜차이즈 협회의 나침반이 제대로 작동하길 바란다.

공정성에 대한 비명

　　좋든 싫든 오는 10월, 한국 프랜차
이즈는 변화를 맞이하게 된다. 한국프랜차이즈산업협회가 혁신
위원회(이하 혁신위) 인선을 마무리하고 혁신위 운영을 통해 오
는 10월까지 자구안을 마련한다는 방침을 발표했다. 자구안을
내놓으면 정부는 어떤 식으로든 입장을 내놓을 것이며 이는 곧
프랜차이즈 시장의 거대한 변화로 이어질 것이다.

　　자구안 발표야 이전부터 예고했던 것이니 차치하고, 필자가
이번 발표를 보며 주목한 부분이 있다. 최영홍 혁신위원장의 발
언 중 프랜차이즈 허가제에 대한 부분이다. 최 위원장은 "국
내에 가맹본사 등록을 해놓고 가맹점 모집을 하지 않는 곳
이 1000곳이 넘는다"라며 "최소한 1~2년 정도는 사업을 해보
고 그 성과에 기반해 프랜차이즈 사업을 해야지, 전혀 사업을

해보지 않은 사람이 다른 사람에게 돈을 벌게 해주겠다는 것은 어불성설"이라고 지적했다.

정부와 프랜차이즈산업협회의 태도와 발표에 줄곧 안타까움을 금치 못했던 필자에게 오랜만에 공감하고 또 공감할 만한 부분이 생겨났다. 직영점 없는 프랜차이즈 본사의 난립에 대해 오랫동안 분노와 함께 처참한 마음을 가눌 길 없었는데 10월에 이를 해결할 수 있는 정책이 생겨날 수도 있겠다는 희망이 생겼다.

사실 프랜차이즈 허가제나 이와 비슷한 정책은 한국을 제외한 유수한 나라에서 일찍이 도입했다. 미국에서 프랜차이즈 가맹사업을 하려면 연방정부 산하 연방거래위원회(FTC)에 '프랜차이즈 공개 서류', 일명 정보공개서를 반드시 등록하고 승인받아야 한다. 정보공개서가 요구하는 항목에는 가맹본부가 운영하는 직영점의 최근 실적, 운영 · 물류 매뉴얼 등 여러 항목이 포함된다. 이탈리아에서는 가맹본부가 최소 1년 이상 직영점을 운영해야 2개 이상의 가맹점을 모집할 수 있다. 중국은 1년 이상 경영 기간과 2개 이상 직영점을 확보해야 프랜차이즈 허가가 난다.

이에 반해 우리나라는 프랜차이즈가 생겨난 직후부터 현재까지 직영점이 없어도 프랜차이즈 사업하는데 그 어떤 걸림돌이 없다. 브랜드에 대한 노하우가 없어도 영업력만 있으면 그 누구나 프랜차이즈 본사 타이틀을 달 수 있는 것이다. 물론 그들이 프랜차이즈 사업을 정상적으로 시행하고, 가맹점에 피해를 끼지 않는다면 그리 문제 될 것은 없다. 하지만 실상은 그와 정반대니 문제가 생기는 것이다.

프랜차이즈에서 직영점이 갖는 의미는 상당하다. 브랜드에 대한 가치와 서비스를 시장에 내놓아 반응을 살핀다는 점과 함께 시시각각 일어나는 매장 내 애로사항을 즉시 눈치챌 수 있다. 프랜차이즈 브랜드에 대한 노하우를 갖지 못하고 프랜차이즈를 전개해 나가다 보면 현장에서 가맹점주들은 분명 어려움에 직면하게 된다. 본사는 어려움에 직면한 가맹점주들에게 그 무엇도 해 줄 수 없다. 본사가 상호만 주고 아무 역할도 못하면 프랜차이즈라고 할 수 있을까? 하드웨어만 있고 소프트웨어는 없는 격이지 않을까? 인테리어와 간판만 만들어주고 식자재만 공급해주면 다가 아니다. 장사하면서 겪어야 하는 어려움에 대한 어드바이스가 있어야 하고 운영의 묘를 알려줘야 진정한 프랜차이즈 본사라 할 수 있다.

프랜차이즈 이자카야 '청담이상'의 경우 운영 초기 본사에서 직영점을 세 개 운영하며 2, 3년간 브랜드에 대한 노하우를 쌓아왔다. 그렇게 노하우가 응축된 것을 가지고 프랜차이즈를 전개해 나갔다. 그렇기 때문에 현장에서 어떤 점 때문에 애로사항이 생기는지 미리 알 수 있었고 가맹점주들에게 사전에 미리 공지를 해 줄 수 있었다. 청담이상이 직영점 없이 가맹점으로만 프랜차이즈를 전개해나갔다면 지금의 성공을 기대하긴 어려웠을 것이다.

프랜차이즈는 기회다. 하지만 그 기회를 누군가는 악용한다. 직영점 없는 프랜차이즈 본사들이 그 부류다. 프랜차이즈 허가제는 반드시 도입해야 한다. 프랜차이즈가 가지고 있는 기회가 성공과 부를 가져다주는 기쁨의 기회라는 것을 많은 이들이 알 수 있도록 말이다.

용이 통과하는 문

　　요즘 대한민국 중소기업의 대박 등 용문 하나가 생겨났다. 그 문만 통과하면 매출 증대, 긍정적 기업 이미지 창출, 미래 성장 동력 확보 등이 가능하다. 말 그대로 전 국민이 사랑하는 국민기업으로 재 탄생할 수 있는 것이다. 요즘 온, 오프라인으로 사람들의 하마평에 자주 오르는 그 등용문의 정체는 바로, '문재인 대통령의 선택'이다.

　　지난 6일, 문 대통령은 내년도 예산안 마련 등 격무에 시달려 온 기획재정부 소속 전 직원에게 피자 350판을 보내 격려했다. 피자업체는 그날 실시간 검색어 1위까지 하며 난데없이 인기 기업이 됐다. 일명 '이니피자'로 인기몰이를 한 그 피자업체의 정체는 국내 인기 피자 브랜드인 '피자마루'다. 청와대는 출입기자들에게 보낸 문자메시지에서 "최근 2018년도 예산안, 세제개

편안 마련 등으로 연일 격무에 시달려온 기재부 공무원에 대한 고마움의 표시로 피자를 보낸 것"이라며 "해당 업체는 상생협력을 통한 브랜드 운영과 현지화 전략으로 해외 진출을 준비 중이고, '사랑의 1만 판 피자 나눔', 가맹점과의 상생과 동행 약속을 실천 중인 업체"라고 설명했다.

문 대통령의 등용문을 통과한 기업이 비단 피자마루 하나였던 것은 아니다. 문 대통령은 취임 초기부터 중소기업 제품을 애용하며 중소기업 살리기에 힘을 쏟아왔다. '세븐브로이'가 문 대통령의 선택을 받았었고, '또봉이 통닭'은 영부인의 선택을 받아 등용문을 통과했다. 세븐브로이, 또봉이 통닭 모두 당시 전 국민적인 관심을 받았고, 현재까지 소비자들의 큰 사랑을 받고 있다.

문 대통령과 영부인의 선택을 받은 기업들의 특징은 하나같이 '착한 기업'이라는 데 있다. 2017년을 휩쓴 프랜차이즈 갑질 사건의 여파로 국민들이 착한 기업에 대해 갈급함이 있었는데, 그에 대한 보상이라도 하듯 청와대 측에서는 착한 기업 알리기에 힘을 아끼지 않았다. 특히 또봉이 통닭과 피자마루와 같은 프랜차이즈 기업들이 문 대통령의 선택을 받은 것은 소비자들에게 그간 쌓여있던 프랜차이즈에 대한 나쁜 기억들을 상쇄시키는데 도움을 줄 수 있는 부분이다. 문 대통령의 선택 이후로 프랜차이즈 시장에 활기가 찾아왔음은 부인할 수 없는 사실이다. 또한 이 기회를 통해 피자마루를 비롯한 청담이상, 청년다방 같은 착한 기업들 역시 재조명 받고 있다. 이 기업들 모두 가맹점과의 상생을 위해 지난 몇 년 간 꾸준하게 노력해 온 기업들이다.

돌이켜 생각해보면 2017년은 프랜차이즈 업계에 있는 사람들에겐 지옥을 건너오는 것 같은 느낌이었을 것이다. 끊이지 않고 발생한 대형 프랜차이즈 기업의 갑질 논란과 폭언, 폭행 논란은 정직하고 성실하게, 그리고 착하게 프랜차이즈 사업을 하고 있던 이들에게 커다란 피해를 안겨줬다. 문 대통령으로 대변되는 청와대에서 착한 프랜차이즈 기업들을 눈여겨보고 있다는 것은 그 사실 만으로 안도할 만하다. 프랜차이즈를 규제하기 위한 방안 마련에 급급해 보였던 정부가 따스한 시선으로도 프랜차이즈를 바라보고 있다는 사실이 안도의 근원이다.

이 사회 곳곳에 캐치프레이즈처럼 내걸린 '같이 살자'는 이념은 2018년도에도 여전히 유효할 것이다. 혼자 살아남으려 애쓰는 기업들은 소비자들의 돌을 맞을 것이고 상생에 힘을 쏟는 기업들은 그 어느 때보다 커다란 환호를 마주할 것이다. 우리, 2018년에도 올해처럼 착하게 살자. 혹시 아나. 다음 문재인 대통령의 선택이 당신 기업이 될지.

혹시 당신은 핫도그 프랜차이즈를
생각하고 계십니까?

한국인을 가리켜 뚝배기에 비유하는 이들이 많다. 우직하고 정감 넘치며 투박한 성질이 한국인과 꼭 맞아떨어진다는 것이다. 기저에 칭찬이 깔려 있는 긍정적인 비유다. 하지만 이런 한국인이 유독 '유행'에 있어서 만큼은 뚝배기의 진득하고 무던한 면이 나타나지 않는다. 오히려 금방 끓고 금방 식는 냄비와 그 성질이 더 맞닿아있다. 혹자는 부정할지도 모르지만, 한국인의 '냄비' 성질을 모른 체했다간 아주 큰 낭패를 볼 수 있다.

한국인의 냄비 성질을 가장 빠르게 피부에 체감할 수 있는 것은 바로 유행을 맞닥뜨렸을 때다. 노스페이스 검정 패딩 점퍼가 한국 고등학생들의 교복처럼 소비됐을 때나 지금처럼 평창 롱패딩이 유행하는 것처럼, 한국인에게 유행은 가지고 싶은 욕망의 발현 대상이다. 창업 시장 역시 패션 분야처럼 유행이 빠르게 왔다 가는 분야다. 특히 프랜차이즈 창업 시장은 그 속도가 더욱 빠르다. 한국인의 냄비 성질을 모른 체했다간 큰 낭패를 볼 수 있다는 건 바로 프랜차이즈 창업시장의 유행에 해당하는 말이다.

그간 프랜차이즈 창업 시장에서 강렬하게 등장했다가 소리 소문도 없이 사라진 브랜드들은 헤아릴 수 없다. 최근부터 나열하자면 대만에서 건너온 대왕 카스텔라, 벌집삼겹살, 벌집 아이스크림, 찜닭, 와인 숙성 삼겹살 등이 있다. 이 브랜드들은 한때 줄을 서서 기다리며 먹어야 할 만큼 전국적으로 선풍적인 인기를 끌었던 브랜드다. 그런데 이 수많은 인기 브랜드가 왜 한순간에 사라져 버린 것일까. 금방 타올랐다가 금세 사그러드는 한국인의 냄비 성질은 물론이거니와 동의 없는 무분별한 벤치마킹이 불러온 비극들이었다.

한국인의 냄비 성질을 자극하지 않기 위해서는 일단 브랜드가 희귀해야 한다. 그래서 한국에선 찾아볼 수 없었던 낯선 아이템인 대왕 카스텔라와 벌집 아이스크림 등이 호황을 맞을 수 있었다. 하지만 비슷한 브랜드들이 우후죽순 생겨나기 시작하면서 한국인의 냄비 성질이 자극받기 시작했다. 한 집 걸러 한 집이 똑같은 브랜드인데, 싫증 내는 것은 당연지사다. 남들이 하길래, 또 잘 되길래 무작정 유행 아이템을 쫓아 창업을 했던 사람들 중 수익을 내고 장사를 접은 사람이 과연 몇이나 될까.

최근 유행하고 있는 핫도그 브랜드도 상황은 비슷하다. 공정거래위원회에 따르면, 핫도그의 경우 2017년 5월 8일 기준으로 관련 브랜드가 15개에 달한다고 한다. 그중 9개의 핫도그 관련 브랜드가 불과 1년 만에 생겨났다. 학교 앞 분식집에서 먹었던 추억의 핫도그는 이제 길거리에서 아주 흔하게 먹을 수 있는 먹거리가 되어버린 것이다.

핫도그 브랜드들의 우후죽순한 창궐에 그 수많았던 저비용 프랜차이즈의 씁쓸한 말로가 생각나는 것은 왜 일까. 벤치마킹의 나라 한국에서 냄비 성질의 한국인을 상대로 아주 흔한 먹거리 아이템으로 창업을 한다면 그것이 과연 핑크빛 미래를 보장할 수 있을까. 투자형이 아닌 생계형 창업을 고려하고 있는 당신이라면 부디 이 말 한마디만 기억하시길. 모닥불로 뛰어들어가는 화려한 불나방보다, 꾸준히 땅 위를 기어 다니는 개미의 삶에서 우린 무언가를 배울 수 있지 않을까.

변화의 바람, 닻을 올려야 할 때가 왔다

　새해가 되면 변화의 움직임이 일어
난다. 개인의 다짐에서부터 국가의 정책에 이르기까지 전년도와
는 다른 무언가를 갈망하고 쟁취하려는 움직임으로 부산하다.
2018년도 역시 사회 전체적으로 부산한 가운데 유독 어수선함
으로 가득 찬 곳이 있다. 바로 창업시장이다. 2018년도 최저임
금이 16.4% 인상된 7,530원으로 결정됐기 때문이다. 이번 인상
폭은 지난 2001년 8월 인상된 16.6% 이후 17년 만에 최대 인상
폭이다. 창업주 입장에서는 최저임금 인상으로 인한 손실을 최
소화하기 위해 점포 운영의 다각적인 변화를 모색해야 한다. 이
는 프랜차이즈 업계도 마찬가지인데, 프랜차이즈 본사들은 가
맹점 모집과 인건비 상승분을 상쇄할 방안을 찾기 위해 고난을
겪을 것으로 보인다.

2018년은 단연 소규모 창업의 해가 될 전망이다. 비단 7,530원이 아닌 곧 다가올 최저임금 1만 원 시대를 대비해야 한다는 목소리가 커지는 가운데, 소규모 창업 프랜차이즈의 선전을 전문가들은 예상하고 있다. 1인 창업, 부부창업, 무점포 창업 등 인건비를 최소화하거나 아예 지불하지 않는 창업이 각광받을 것이라는 이야기다.

문제는 소규모 창업을 할 수 없는 나머지 프랜차이즈 본사들이다. 이들이 선택할 수 있는 방안은 한정적이다. 본사가 인건비가 상승된 만큼 가맹점의 매출을 지원해주거나, 인력을 대체할 수 있도록 점포 시스템에 변화를 주는 것뿐이다. 물론 이런 부분을 예측하고 정부에서 가맹점을 본격적으로 도와주기 위한 방안을 모색하는 것으로 알고 있다. 가맹점 매출 지원의 경우 공정거래 위원회가 프랜차이즈 가맹점이 가맹본부에 대해 가맹금 조정을 요청하면 가맹본부는 10일 이내 협의를 개시해야 한다는 '개정 표준가맹계약서'를 발표하며 어느 정도 해결의 실마리가 보인다. 가맹본부는 가맹점주의 요청일로부터 10일 이내에 조정을 위한 협의를 개시하도록 개정했다. 공정위는 불공정한 내용의 가맹 계약이 통용되는 것을 방지하기 위해 외식업종을 비롯해 도·소매, 교육서비스, 편의점 업종 등 4개 업종의 표준가맹계약서를 제정했다. 하지만 익숙지 않은 것을 받아들이기 위한 과정에 혼란은 반드시 야기될 것이다. 그 혼란을 최소한으로 누그러트리는 것이 프랜차이즈 본사의 2018년 절대적 과제다. 물론 쉽지 않겠지만 말이다.

창업시장의 변화는 가맹점을 모집하는 데에도 분명히 감지되고 있다. 이미 유사한 업체들의 홍수 속에 경쟁이 치열해진 데다 최저임금 인상 등 경영 활동에 불리한 악재가 불거지고 있어 도통 사업설명회가 가맹점 오픈까지 이어지지 못하고 있다. 혹자들은 이렇게 이야기할 수도 있다. 아이템이 확실하다면 신도시나 교외 쪽에 오픈을 유도하면 되지 않느냐고 말이다. 하지만 프랜차이즈 매장 개설이 수월할 것으로 알려져 있는 신도시에서도 신규 출점은 '그림의 떡'이라는 뉴스 기사가 나온 바 있다. 기존 상권이 포화상태라 신도시를 타깃으로 하지만 비싼 임대료 때문에 신도시 상가에 들어가기가 힘들다는 것이 골자다. 교외는 교외 나름대로의 고충이 있다. 상대적으로 유동인구가 없다 보니 말 그대로 입소문이 나지 않는 이상 살아남기 힘든 것이 사실이다.

프랜차이즈 업계 2017년의 화두가 '본사와 가맹점 간 상생'이었다면 2018년의 화두는 '본사와 가맹점과 소비자 간의 상생'이 될지도 모른다. 최저임금 인상으로 촉발한 지금의 어수

선함이 그 언젠가는 그칠 것을 믿는다. 다만, 외식업 브랜드의 활동 주기가 2015년 7년 7개월 2017년 5년 11개월로 단축됐다는 것은 시사하는 바가 크다. 최저임금 인상과 아울러 창업자들에게도 혜택을 줄 수 있는 다양한 정책적 지원 역시 필요하다고 생각한다.

우물 안 개구리여 밖으로 나가라

창업자들 대부분이 '우물 안 개구리'의 시각을 가지고 있다. 자신이 경험하고, 알고 있는 것만을 토대로 창업을 하려고 한다. 하지만 이젠 창업을 생계형이 아닌 이상 미시적(微視的)에서 거시적(巨視的)으로 봐야 할 타이밍이 왔다. 자신이 살고 있는 곳, 경험해 온 것들을 부정하고 새로운 경험과 장소에서 뜻을 펼쳐나가야 할 시기다.

대한민국의 국토는 99,720㎢ 다. 이는 세계 109위 수준. 이에 비해 인구는 약 51,778,544명으로 세계 27위를 기록하고 있다. 인구에 비해 국토가 좁은 상황이다. 어디서 많이 들어보거나 경험해 본 바가 아닐는지. 바로 파이는 한정적인데 나눠먹을 사람이 많아지고 있다는 뜻이다. 이는 대한민국에서 외식 창업을 하려는 이들에게도 마찬가지로 적용할 수 있다. 좁은 국토 안에서 아웅다웅 치열하게 다툴 바에야 거시적 관점으로 창업을 바라보자. 2018년은 바야흐로 '해외 진출'이 외식기업들의 최대 키워드가 됐으니 말이다.

지난 2016년 농림축산식품부가 국내 외식기업 해외 진출 현황을 조사 한 결과 총 188개 외식기업이 50개 국가에 진출해 5476개 매장을 운영 중이었다. 하지만 작년 사드 여파로 인해 중국에 진출한 기업들은 낭패를 본 바 있고, 글로벌 경제불황으로 국내 기업들의 해외 진출이 난항을 겪은 바도 있다. 하지만 그럼에도 불구하고 현지화의 성공, 끝없는 도전으로 해외 진출을 모색하고 성공한 프랜차이즈들이 있다.

해외 진출을 활발히 하는 강소 외식 프랜차이즈 기업들 중 가장 돋보이는 기업은 푸드존이다. 푸드존에서 운영 중인 피자 브랜드 피자마루는 지난해 12월 18일, 싱가포르 북부의 노스포인트에 피자마루 1호점을 오픈했다. 이 지역은 관광객 및 외국인이 거의 없는 순수 로컬 지역으로, 현지인들에게 좋은 평가를 받아야 성공할 수 있다는 피자마루의 의지가 담겨 있는 전략 포인트다. 피자마루는 싱가포르 1호점 오픈을 발판으로 2018년 내에 2~3개의 매장을 추가로 개설할 예정이다. 피자마루의 싱가포르 진출은 피자마루의 중장기 계획에 있어 중요한 포인트가 된다. 현재 피자마루가 미국 뉴욕에 1, 2호점이 진출해 있고, 북경과 홍콩에도 진출해 있는 상황에서 동남아 시장을 선점하기 위한 포석이 싱가포르기 때문이다. 피자마루는 이에 그치지 않고 피자의 본고장인 이탈리아 진출까지 고려하고 있는 것으로 알려져 있어, 4개 대륙을 아우르는 글로벌 기업으로의 초석이 단단히 다져지고 있는 중이다.

팔이구이와 콩불 브랜드를 해외로 론칭 시킨 '팔푸드' 의 행보도 심상치 않다. 브랜드 콩불은 지난해 중국과의 외교적 불소통의 여건에서도 중국에 진출했었고, '8292(팔이구이)' 역시 중국과 대만에 브랜드 수출을 꾸준히 진행하고 있어 글로벌 브랜드로의 입지를 탄탄히 다지고 있다. 또한 '카페띠아모' 는 일찍이 해외 진출의 선봉에 섰던 프랜차이즈 기업이다. 중국, 필리핀, 몽골, 캄보디아 등에 진출해 한국의 디저트 문화를 널리 알려온 카페 띠아모는 해외 18개국에 상표 등록도 마쳤다.

이처럼 기업들의 해외 진출이 활발해 지고 있는 가운데, 창업자들의 시각이 국내에 한정되는 것은 안타까운 일이다. 아이템에 대한 확신, 함께 뜻을 같이 할 좋은 동료들이 있다면 당신의 눈을 더 넓고 먼 곳으로 위치 시키길 바란다.

탁상공론과 현실의 충돌

　　최저임금 인상에 대한 갑론을박이 거세다. 정치권에서는 여, 야가 나뉘어 연일 공방을 벌이고 있고, 언론사마다 기조가 다르게 흘러가고 있다. 지난 10일 이뤄진 문재인 대통령의 신년 기자회견 이후로 최저임금 인상에 대한 논란은 더욱 거세지는 느낌이다. 문 대통령은 기자회견을 통해 최저임금 인상에 따른 혼란은 일시적이며 곧 긍정적 효과가 나타날 것이라고 전망했다. 사회 각층에서 제기하는 최저임금 인상의 부작용이 크다는 우려에도 해당 정책을 그대로 유지할 것임을 강하게 드러낸 것이다.

　하지만 문 대통령의 자신감과는 달리 현장에서 직접 느끼는 최저임금 인상의 부작용은 예상보다 크다. 예를 들어 필자가 아는 어느 한 헬스클럽에서는 새해를 출발하면서 노동법 관련

규정과 임대료 상승으로 인해 부득이 헬스클럽에 회원가를 올릴 수밖에 없다는 하소연을 하고 있다. 주변에 새로 생기는 피트니스 센터들과의 경쟁과 필라테스같이 소규모 체육시설들이 신설되어, 경쟁이 치열한데도 어쩔 수 없는 선택이었다고 토로한다.

현장에서 소상공인들의 면면을 보고 있노라면 가장 우려되는 것이 바로 도미노 현상과 인플레이션 현상이다. 최저임금 인상으로 인한 피해가 비단 자영업자들의 몫으로만 돌아가고 있지 않다는 것이다. 현재 알게 모르게 일부 식당들은 새해 초부터 가격 상승의 움직임을 내고 있다. 올라만 가는 임대료와 인건비를 충당하기 위해서 메뉴의 가격을 올려 자생하겠다는 이야기다. 결국은 인건비상승이 국민 모두의 소비로 전환되는 인플레이션 현상을 야기하는 결과로 이어지고 있는 게 아닌가 싶다.

인플레이션 현상과 함께 도미노 현상도 주목해야 한다. 임금 상승에 대한 직원들의 기대 심리가 도미노처럼 퍼져 나갈 것이라는 예측이다. 기존 직원들이 자기보다 실력이 없는 사람이 실력에 비해 많은 돈을 받는데, 자신도 급여가 그만큼 더 올라가야 한다고 생각하고 기대하게 만든다는 것이다. 밀폐된 공간에서 하루 종일 부대껴야 하는 직원들이 속으로 그런 생각들을 가지고 일에 임한다면 그 점포의 서비스가 좋아질 리 없다.

그런 직원들을 바라보는 사장의 입장은 어떨까. 어쩔 수 없는 메뉴 가격 상승과 직원들의 기대 심리를 충족시키기 위해 창업주가 할 일은 한정적일 수밖에 없다. 아예 최저임금 대상자를, 즉 초보자를 채용하지 않거나 인원 채용을 가급적 자제하고 기존 인원에게 고통분담을 호소하는 것. 그것이 아니면 영업시간을 축소하던가 판매 가격을 올려 자생하겠다는 생각까지 하게 된다. 사람을 치사하게 만드는 것이다. 자영업자들은 자신이 살기 위해 어쩔 수 없는, 불가피한 선택을 해야만 한다. 나라에서 결정하는 모든 일의 결과를 국민들이 떠안는 것은 이해하지만 이 불경기에 다시 한번 자영업자들을 어려운 판단을 해야 하는 기로에 몰아넣은 것은 아닌가 하는 생각이 든다.

우리 한 번 생각해보자. 집값 상승을 우려해서 정부가 내놓은 주택정책이 과연 서민들에게 이로운 정책으로 현재 느껴지고 있는가에 대해서 말이다. 주택 가격만 부추기는 결과를 몸으로 체감하고 있으면서 한숨을 쉬는 이들이 많아지고 있다. 물론 혜택을 받는 이들도 있겠지만 정작 혜택을 받아야 할 이들보다 편법을 써서 이득을 취하려는 이들에게 더욱 좋은 정책은 아니었는지. 그 와중에 근로자를 위해 내놓은 정책이 결국은 근로자의 일자리까지 **뺏**어가거나 일할 수 있는 시간이 줄어들어 정규직이 아닌 파트타임으로 전환되게 만드는 결과를 만들지나 않을까?

　1월 한 달은 혼란이나 걱정이 있을 수 있지만 이는 일시적일 것이라고 진단한 문 대통령의 판단력이 옳기를 바랄 수밖에 없다. 경제의 투명성은 물론이고 경제성장의 성과를 중소기업과 국민에게 돌려준다는 문 대통령의 신년 담화 속에 현실 속 자영업자들이 반드시 들어 있기를 기원한다.

그의 신발을 신고 5리를 걸어보라

인디언의 옛 속담에 '그 사람의 신발을 신고 5리를 걸어보기 전까지는 그 사람을 비판하지 말라 '는 말이 있다. 그 어떤 이도 상대의 입장에서 살아보지 않고서 함부로 생각하고 결단을 내리지 말라는 무거운 충고가 들어 있는 속담이다. 필자는 이런 인디언의 옛 속담을 공정거래 위원회가 귀 기울여 들어야 한다고 생각한다.

공정거래위원회는 지난해 9월, 프랜차이즈 본사가 가맹점에 공급하는 필수품목의 공급가격과 관련 마진 등을 공개하도록 하는 내용으로 가맹사업법 시행령을 고쳐 입법 예고했다. 필수물품 가격정보는 가맹본부의 오랜 노하우와 구매 경쟁력 등이 담겨 있기에 프랜차이즈 업계의 반발이 당연했다. 업계는 해당 내용이 영업 비밀 노출이나 마찬가지라며 반발했고 프랜차이즈

협회는 헌법소원 제기 등 법적 대응까지 검토한 것으로 알려졌다. 하지만 이에 굴하지 않고 공정거래위원회는 예고한 대로 가맹사업법을 수정 시행하기 위한 준비에 박차를 가하고 있다.

분명 가맹본부와 가맹점 간 상생은 프랜차이즈 업계 내 중요한 사안이다. 하지만 외식시장의 현실을 외면한 채 공정거래 위원회가 본부 규제에만 매달리는 것은 아닌지 심히 걱정이 된다. 현시대는 프랜차이즈의 이익을 가맹본부가 독점하는 시대가 아니다. 정부의 강력한 감시와 견제가 이미 도처에 널렸는데, 이 이상 규제와 압박을 한다는 것은 프랜차이즈 업체 전체에 악영향을 끼칠 수밖에 없다.

사실 공정위가 진정으로 가맹점주들의 입장을 대변하고 그들의 편을 들어주려 한다면 가맹본부의 엄격한 규제보다는 카드 수수료와 임대료 인상, 최저임금 인상 등 매출 하락과 직접적인 연관이 있는 부분에 더욱 신경을 써야 한다. 며칠 전 김상조 공정거래위원장이 프랜차이즈 업계를 다시 만나 카드수수료와 임대료 인상 등 애로사항을 청취하는 자리를 마련했는데 "범정부 차원의 개선 대책이 마련돼야 할 사항이다. 어려움을 해결해 줄 수 있는 방안을 찾겠다. 깊이 고민하겠다"라는 대답을 했다. 디테일한 대답이 아닌 추상적인 대답인 점은 아쉬움이 남는 대목이다.

이 날 자리에선 가격 인상에 대한 부분도 나왔는데, 김 위원장의 대답은 현실과 괴리감이 있는 듯했다. 최근 프랜차이즈 업계 내에서 가격 인상이 불가피할 정도로 어려움을 겪고 있는데, 이는 소비자들의 강한 반발을 불러오기에 가맹본부나 가맹점주들에게 조심스러운 부분일 수밖에 없다. 가격 인상 부분에 대해 김 위원장은 "최저임금 인상에 따른 가맹점 가격 인상은 불가피한 측면이 있다"라며 "정부가 과거처럼 생활물가 안정이라는 이름으로 시장 가격에 개입하는 것은 적절치 않다. 가맹점 가격 조정이 누군가에게는 생활비 부담이 되는 것도 사실이지만 저임금 노동자와 영세 소상공인의 소득 수준을 위한 선순환이라고 할 수 있으므로 최근 외식업종 가격 인상에 대해 너무 부정적으로 볼 필요는 없다"라고 이야기했다. 사실 가격 인상에 대해 가장 민감한 것은 직접 돈을 주고 사 먹는 소비자들이다. 그리고 소비자들의 대부분은 가격이 올라가면 올라 간 과정보다 올렸다는 결과만을 중요시한다. 가격 인상에 대해 너무 부정적으로 볼 것이 아니라는 추상적 개념보다는 가격을 안 올릴 수 있게끔 하는 실질적 정부의 개입이 필요한 시점이 아닌가. 공정거래위원회는 왜 자꾸 자기 신발을 신고 남의 아픔을 헤아리는 일을 하는 것인지. 한 번쯤은 프랜차이즈 업계의 신발로 갈아 신고 현장의 생생한 아픔과 어려움을 마주치길 바라본다.

자객(刺客)의 칼은 누구를 겨누고 있나?

　　　　　　　　지난해 공정거래위원회는 흡사 자객
(刺客)의 모습을 하고 있었다. 프랜차이즈 업계를 둘러싼 이른
바 '갑질' 논란에 대해 정부가 단호한 조치를 예고했고, 그 중
책을 맡은 것이 바로 공정거래위원회였다. 부정과 갑질의 굴레
를 뒤집어쓴 프랜차이즈 업계는 정부가 보낸 자객인 공정거래
위원회의 한 마디 한 마디에 촉각을 곤두세울 수밖에 없었다.
프랜차이즈 업계도 할 말은 해야 하는데, 그 누구도 나서서 말
을 하는 사람은 없었고 자객의 칼날이 부디 자신만 겨누지 않기
를 바라고 있었다. 하지만 2018년 들어 이런 흐름에 조그마한
변화가 감지되고 있다.

　지난 22일, 가마로강정 정태환 대표가 한국프랜차이즈산업협
회를 탈퇴했다. 프랜차이즈협회에 따르면 정 대표는 지난해 공

정거래위원회로부터 시정명령과 과징금을 부과 받은 사실에 억울함을 호소하며 협회 탈퇴 의사를 전달했다. 이는 분명 지난해와는 다른 흐름이다. 공정거래위원회에서 나온 말에 정면으로 반박하며 협회 탈퇴라는 강경한 모습을 보이는 것을 지난해에는 단 한차례도 볼 수 없었다. 정 대표의 탈퇴는 공정거래위원회 김상조호(號) 출범 이후 첫 프랜차이즈협회 자진 탈퇴라고 전해진다. 그렇다면 정 대표는 왜 프랜차이즈 협회를 자진 탈퇴 한 것일까? 보도에 따르면 가마로강정은 지난해 공정위로부터 2012년 12월부터 2017년 9월까지 치킨 맛의 동일성을 유지하기 위한 품목이 아닌 쓰레기통을 비롯한 총 50개 품목에 대해 반드시 본사로부터 구입하도록 했다며 시정명령과 함께 5억 5,100만 원의 과징금을 부과 당했다. 문제는 시정명령과 과징금이 아니었다. 공정위의 발표 이후 가마로 강정은 국민들에게 필수품목에 쓰레기통을 넣어서 강매한 비양심적인 기업으로 낙인찍혀버린 것이 문제였다.

물론 가마로 강정이 가맹점주들의 의견을 묵살한 채 쓰레기통을 강매했다면 그들이 받아야 할 여론의 질타는 당연한 것일 터다. 하지만 피해자여야 할 가맹점주들이 직접 자신의 입으로 "나는 피해자가 아니다"라고 하니 공정거래위원회의 칼끝이 잘못 겨냥 됐다고 의심할 수밖에 없다.

가마로강정 점주협의체는 점주협의체 대표 최용우 씨의 입을 빌어 "본사의 주방용품이나 비식자재(비전용상품)에 대한 강매나 규제 행위 없었다. 본사 물품구매 불복 시 오픈 지연이나 불승인 등 규제 행위 없었다. 오픈 이후 주방용품의 부족분은 점주별 개별 구매를 본사에서 허가했다. 더 이상 왜곡된 내용과 올바르지 않은 정보의 보도를 규탄한다. 가마로강정 점주들 역시 영세 자영업자이다. 우리의 어려운 현실을 호도치 말라"라며 공정거래위원회와 이를 호도한 언론을 강하게 질타했다.

정부가 갑질 사례 적발 건수를 늘리기 위해 의혹을 부풀렸다는 것이 가마로 강정 점주협의회의 입장인데, 가맹점이 이토록 본사를 두둔하고 나서니 이를 징계한 공정거래위원회가 난감한 상황에 빠진 것이라 볼 수 있다. 더욱이 언론 보도에 따르면 정 대표의 탈퇴로 업계에서는 협회 탈퇴가 이어질 것이라는 전망도 나오고 있다. 정 대표가 프랜차이즈 협회 수석부회장을 역임하는 등 협회의 발전에 앞장서 온 인물이기에 그의 탈퇴가 다른 회원사들을 자극하게 될 것이라는 이야기다.

인생은 숲을 봐야 할 때가 있고, 나무 하나 하나를 자세히 들여다 봐야 할 때가 있다. 공정거래 위원회가 프랜차이즈의 악질적인 관습을 타파하겠다고 선언했다면 업계를 쭉 훑어본 후, 업체 하나하나를 세심하게 들여다 봤어야 한다. 가맹점주들이 원하지도 않는 본사 징계를 내리는 것은 프랜차이즈 갑질 근절의 의미가 전혀 될 수 없다.

대체 언제쯤이면 프랜차이즈 업계를 향한 이 무분별한 프레임이 걷힐까? 공정거래위원회는 현재 프랜차이즈 본부는 무조건 '갑'이라는 다소 기이한 프레임에 갇혀 있는 것은 아닌지. 확실한 것은 정 대표의 프랜차이즈 협회 탈퇴는 프랜차이즈 갑질 근절을 향한 공정거래위원회의 행보에 심상치 않은 충격을 줄 것이라는 점이다.

부끄러움부터 느껴라

어찌 그리 이기적이고 가혹할 수 있을까? 필자는 정말 참담한 심정이다. 창업 컨설팅을 해오며 수많은 예비 창업자들을 만나 그들의 사정을 듣고 그들이 나아갈 방향을 제시했던 필자로선 프랜차이즈 대기업 회장들이 배임죄로 기소됐다는 소식은 낯이 확 붉어져 올 정도로 참담한 심정을 야기했다.

보도에 따르면 지난 13일, 서울중앙지검 형사 6부는 본죽을 운영하는 본아이에프 김철호 대표와 최복이 전 대표, 박가부대와 원할머니보쌈의 원앤원 박천희 대표를 업무상 배임 등의 혐의로 불구속 기소했다. 프랜차이즈 브랜드 상표를 개인 명의로 등록해 수수료를 받은 업무상 관행을 배임죄로 처벌한 것은 이번이 처음이다.

김철호 대표는 2006년 9월부터 2013년 5월까지, 본도시락, 본

비빔밥, 본우리덮밥 등의 상표 사용료와 상표 양도대금 명목으로 28억여 원을 챙겼다. 그의 부인인 최복이 전 대표는 2014년 11월 '특별위로금' 이란 명목으로 회삿돈 50억 원을 챙겨 재판에 넘겨졌다. 원앤원 박천희 대표도 2009년 4월부터 지난 1월까지 박가부대 등 5개 상표를 자신이 설립한 1인 회사의 명의로 등록하고 상표 사용료 명목으로 21억 여 원을 수령했다. 탐앤탐스 김도균 대표도 7개 상표를 본인 명의로 등록했으나 사용료를 지급받은 사실이 없고, 상표권 전부를 무상으로 회사에 증여한 점을 참작해 기소 유예했다. 대한민국을 대표하는 프랜차이즈 기업 대표가 가맹점주들에게 이른바 브랜드 로열티를 내게 해 개인적으로 유용한 것도 기가 찬데, 더욱 기가 찬 것은 그들의 항변이다. 검찰이 기소한 업체 대표들은 "사주가 상표 개발에 힘을 쏟았으므로 상표권을 갖는 것은 당연하다"는 취지로 무혐의를 주장했다고 한다.

수많은 가맹점주들의 생계를 책임지고 있는 프랜차이즈 기업 대표의 입에서 나온 말이라고는 차마 생각하기도 싫은 저 발언은 아직도 대한민국에 도려내야 할 썩은 부분이 많다는 것을 방증한다. 다행스럽게도 검찰은 이러한 업계 관행이 사주 일가의 잘못된 사익 추구 행위에 해당한다고 판단했다.

프랜차이즈가 한탕주의로 변질돼 가맹점주들의 고혈만 빼는 악의 축이었던 시절이 있었다. 이제 그 시절이 지난 간 것만 같았다. 하지만 그것은 안타깝게도 필자의 착각이었다. 프랜차이즈 기업의 대표가 가맹점주의 돈을 배임하고 잘못을 뉘우치지 않는다는 것은 아직도 한국의 프랜차이즈가 전근대적 운영방식에서 벗어나지 못했다는 의미다.

《예기(禮記) 〈단궁(檀弓)〉》에 가정맹어호(苛政猛於虎)라는 말이 나온다. 가혹한 정치는 호랑이보다 무섭다는 뜻으로, 가혹하게 세금을 뜯어가는 정치는 호랑이에게 잡혀 먹히는 고통보다 더 무섭다는 말이다. 이는 프랜차이즈 기업 대표가 공공의식이 부재한 상태로 가맹점주를 대상으로 무작위 한 로열티를 거둬들인 것과 결이 같다. 이런 가혹하고 이기적인 이들이 대표로 있는 프랜차이즈 기업이라면 하루빨리 망해야 가맹점주가 고통 속에서 벗어날 수 있다.

이번 검찰의 수사가 시작이리라 생각한다. 프랜차이즈의 대부격인 기업들에게서 이런 행태가 발견됐다는 것은 그 밑의 수많은 프랜차이즈 기업에게서도 그런 행태가 버젓이 벌어지고 있다는 말이 터. 지금껏 '관행' 처럼 여겨졌던 그 부조리함을 적폐라 여기고 청산 작업에 들어가야 할 시기가 도래했다.

사법 사각지대 '그들'의 눈물

한국 창업 시장에서 장사가 잘 된다는 증거는 권리금에 있다. 상권이 좋고 장사가 잘되는 점포라면 으레 권리금이 붙기 마련이고, 그 가격 규모는 무시 못할 수준이다. 권리금이란 상가의 위치, 영업상의 노하우, 기존 경영자가 이루어 놓은 유, 무형의 재산적 가치다.

지난 2015년, 국회에선 상가건물임대차보호법을 개정해 이른바 '권리금 보호조항'을 신설했다. 이전에는 상가임대차보호법에서 권리금은 보호대상이 되지 않았다. 계약기간 만료 후 특별한 이유 없이 재계약을 거부하고 건물주가 상가를 철거해 버린다면 임차인은 권리금을 날려버릴 가능성이 컸다. 권리금에 대한 법률규정이 없기 때문에 소송에 들어가게 될 경우 패소하게 되는 경우 역시 많았다.

2015년에 '권리금 보호 조항'이 신설된 후로는 세입자가 건물주에게 권리금을 주장할 수 있도록 법적 근거가 마련됐다. 이에 건물주의 일방적인 횡포가 많이 사라졌지만 그럼에도 불구하고 아직도 미진한 점이 있다.

　　어느 변호사님이 쓴 글을 참고해서 말을 해주자면 상가건물 임대차보호법은 상가건물이 대규모 혹은 준대규모 점포의 일부인 경우엔 권리금 회수 기회 보호 조항의 적용을 받지 못하게 규정하고 있다. 대규모 점포란 매장면적의 합계가 3천 제곱미터 이상인 점포의 집단을 의미하는데 백화점, 쇼핑몰, 대형마트가 여기에 포함된다. 대규모 점포를 권리금 회수 기회 보호 조항의 적용 제외로 규정한 것은 백화점, 대형마트 등은 원래 권리금이 존재하지 않기 때문이란다. 그런데 문제는 전통시장도 대규모 점포에 포함돼 있다는 것이다. 영세상인이 대부분인 전통시장이 대규모 점포에 포함돼 권리금 회수가 어려워진 것이다. 대규모 점포에 해당하는 전국 전통시장의 수는 2013년 기준 232개에 달한다고 한다. 그곳에서 영업하는 점포 수는 78,321개라고 하니 법의 보호를 받지 못하는 영세 상인의 수가 생각 외로 엄청나다는 것을 알 수 있다. 또한 세입자의 권리금 보호기간이 너무 짧은 것도 문제라고 여겨진다. 권리금 보호조항은 건물주가 준수해야 하는 권리금 지급 방해 행위 금지 기간을 임대차 기간이 끝나기 3개월 전부터 종료 시까지로 제한하고 있다. 하지만 세입자를 찾고 건물주와 협의를 하기엔 3개월은 너무도 짧은 시간이다. 상황이 이렇다 보니 신규 임차인도 찾지 못한 채 3개월이 경과돼 권리금을 보호받지 못하는 세입자도 많다고 알려져 있다.

이 밖에도 건물주가 재건축을 하려고 하는 경우 세입자들은 권리금을 보호받을 수 없다. 임대차 기간을 다 채우지 못하고 임대건물의 재건축 및 철거 등으로 퇴거하게 되는 경우 퇴거보상제도를 마련해 놓아야 한다고 법률전문가들은 꼬집어 이야기 하고 있다.

2018년 들어 자영자들의 수난이 더욱 거세지고 있다. 최저임금 인상과 임대료 상승 등으로 숨이 턱턱 막히는 현실을 매일 살고 있는 것이다. 이런 상황에서 권리금도 받지 못하고 쫓겨나는 영세 상인들은 없어야 하지 않겠는가. 법을 개정하여 영세 상인들의 처절한 현실에 조그마한 위로를 전해주어야 한다.

얇은 두 귀가 아닌 매의 눈을 열어라

　　　　　　　　장사를 시작하기 전 실패를 예감하고 뛰어드는 사람이 어디 있을까? 하지만 장사를 시작하는 이들 중 누군가는 망하고, 그 누군가가 바로 내가 될 수 있다. 통계청 국세통계에 따르면, 지난해 자영업 폐업률은 전년 대비 10.2% 포인트 높은 87.9%로 역대 최고치를 기록했다. 음식, 숙박업과 도·소매업 등 자영업 4대 업종은 지난해 48만 3,985개가 새로 생기고, 42만 5,203개가 문을 닫았다. 10개가 문을 열면 8.8개는 망한 셈이다. 이에 업종변경으로 새로운 도약을 꿈꾸는 이들이 늘고 있지만 그마저도 절대 녹록하지 않다.

　　장사를 하다 업종변경을 생각하게 되는 경우는 다양하다. 손님이 뜸해 장사가 안 될 경우, 내가 택한 업종이 유행이 지났을 경우, 경쟁업체가 너무 많이 생긴 경우, 딱 먹고 살 만큼만 벌고 매출이 오르지 않는 경우 등이다. 이럴 때 폐업을 하고 다른 곳에서 장사를 하려고 해도 손에 남은 돈이 얼만 안 되는 경우가 허다하다. 아는 지인의 경우 1억 5천만 원을 투자해 권리금도 못 챙기고 보증금만 간신히 챙겨 나온 사례가 있다.

손해 본 것이 너무도 아까워 폐업을 하지 않는 이들은 지인이나 검색 등을 통해 업종변경을 시도한다. 소정의 금액만 있으면 완전히 다른 가게로 변신을 시켜준다는 업종변경 광고를 수없이 접한 뒤 일 것이다. 이 글을 보고 있는 그 누군가라도 지금 당장 '업종변경 창업'을 인터넷 검색창에 쳐보시길. 수많은 프랜차이즈 업체들이 업종변경을 파고들어 점주를 흔들어 대고 있다. 업체가 많다는 것은 허수도 상당 부분 존재한다는 이야기다. 업종변경을 미끼로 점주들을 더욱 곤란한 상황에 내몰리게 하는 업체들도 분명히 존재한다. 이를 거르고 선택하는 것은 오로지 점주의 몫이다. 다만, 필자는 점주들이 업종변경을 할 때 반드시 신경을 써야 하는 부분이 어떤 부분이 있는지에 대해 몇 가지 짚어 줄 수는 있다.

일단 기존 매장에서 사용하던 인테리어와 주방 설비, 집기 등을 최대한 활용할 수 있어야 한다. 가급적 비슷한 종류의 업종으로 재창업을 해야 한다는 이야기다. 그렇게 되면 아직 멀쩡한 집기들을 아낄 수도 있고 괜한 돈을 쓰지도 않게 된다. 또한 유행성 아이템을 절대 지양해야 한다. 유행성 아이템은 말 그대로 단기적으로 고수익을 보장할 수 있다. 하지만 유행 시기가 지나면 이미 그 일대는 똑같은 아이템으로 창업을 한 수 십 개의 매장이 진을 치고 있을 것이다. 유행 아이템을 업종변경으로 고른다는 것은 절대 고려 대상이 되어선 안 된다. 업종변경을 고려하고 있는 이들은 지속적인 수익창출이 가능한 아이템을 고르는 안목을 반드시 키워야 한다. 그런 의미에서 현재 인천지역을 중심으로 가맹사업을 펼치고 있는 '手(수) 코미치'가 눈에 띈다. 착한 업종변경을 해주고 있다. '원팩' 공산품 위주였던 이자카야 안주가 아닌 반수제로 매장에서 직접 요리를 해 제공하는 '수 코미치'는 기존에 있던 집기와 시설 등을 되도록 그대로 사용하도록 하면서 냉장고와 냉동고는 무상으로 대여해주고 있다. 점주 하나에 직원 한 명 두고 일하는 것이 가능해 최저임금 인상 여파도 받지 않는다. 단, 아무나 점주가 될 수는 없다. '수 코미치'는 반 수제 제품을 요리 할 수 있고 그럴 의지가 있는 사람만 선별적으로 가맹사업을 내준다. 특히 3주간 실시 되는 점주 교육은 혹독하다고 소문이 나 있기 때문에 쉬엄 쉬엄 장사를 할 목적인 사람은 애초에 노크도 하지 말아야 한다.

필자는 업종변경에 있어서 프랜차이즈 본사에서도 인식의 전환이 필요하다고 생각한다. 현재 프랜차이즈 업계에선 업종변경을 타겟으로 다양한 DB발송부터 경쟁사 SV를 스카우트하는 등의 방식으로 다양하게 업종변경 영업을 해왔다. 하지만 단순히 가맹점을 늘리기 위한 업종변경 권유라면 점주를 두 번 죽이는 꼴이다. 실패의 쓴맛을 본 이에게 그에 맞는 업종변경 창업을 권유하고 개설해 주는 것이 맞지, 자사 브랜드 가맹점 늘리기에 급급한 프랜차이즈 본사들의 행태는 지탄받아야 마땅하다. 상생을 입으로만 부르짖지 말고, 업종변경을 하는 이들의 마음을 진정 헤아려 줄 주 아는 프랜차이즈 본사들이 많아졌으면 하는 바람이다.

창업이란 긴 여정을 떠나는 당신에게

Chapter 2

창업여정에 반드시
따라오는 숨어있는 그림자

Chapter 2

창업여정에 반드시
따라오는 숨어있는
그림자

구맹주산(狗猛酒酸)을 기억하라

　　　　　　　　창업자들이 창업을 한 후 착각을
하는 것이 몇 가지 있는데, 그중 내 마음을 아프게 하는 착각
이 있다. 바로 '나만 잘하면 되지' 라는 착각이다. 열심히 하겠
다는 각오를 깎아내릴 생각은 추호도 없다. 창업을 한다는 들
뜬 마음에 분주히 움직이는 부지런함에도 태클을 걸 생각 역
시 없다. 다만 고객들에게 '서비스'를 제공함에 있어 '나만
잘 하면 되지' 라는 생각은 위험하다는 것이다. 고객이 재방문
을 하게 만들려면, 서비스 마인드 교육에 대해 진지하게 접근
할 필요가 있다.

　과연 '서비스' 란 무엇인가? 서비스는 라틴어 '세르부스
(Servus, 노예)' 와 영어의 'Servant(종)', 'Servitude(종의 생
활)', 'Servile(종처럼 생활하는)' 등에서 기원했다. 즉 사람에게

시중을 드는 것이라는 뜻이다. 하지만 이는 고전적인 풀이고, 현대적인 '서비스'의 의미는 자신의 정성과 노력을 남에게 베풀어 보람과 만족을 느끼는 것이다.

창업자들을 대상으로 강의를 할 때 내가 곧잘 언급하는 이야기가 있다. "사나운 개가 술을 시어지게 한다"라는 뜻을 가진 구맹주산(狗猛酒酸)이라는 사자성어에 얽힌 이야기다. 어느 주막에 주인의 말을 잘 듣는 개 한 마리가 있었는데, 그 개는 낯선 사람만 보면 짖어대고 무척 사납게 굴었다. 하지만 정작 그 개의 주인은 그 사실을 모르고 있었고 시간이 지날수록 손님은 오지 않게 됐다. 손님이 없으니 팔리지 않는 술과 안주는 온통 시어져 버릴 지경이 되었다. 개가 자기에게는 꼬리치고 복종을 했지만, 손님에게는 뾰족한 이빨을 드러내고 사납게 군 것을 몰랐기에 주인은 오지 않는 손님만 원망했다.

구맹주산의 이야기를 곱씹어 보면 '서비스'에 관해 우리가 생각해봐야 할 것들이 많아진다. 앞서 언급한 '나만 잘 하면 되지'라는 생각이 위험하다는 것도 구맹주산의 이야기에서부터 비롯한다. 첫 번째로 맞이하는 사람이 누구인가에 따라서 그 가게에 대한 이미지가 달라진다. 주인은 한 명이고 점원은 열 명이라면 주인 혼자 손님을 맞아봤자 동시에 두세 명을 맞을

순 없다. 직원 교육을 제대로 시키지 않고 자신만 친절하고 부지런하다고 해서 무슨 소용인가. 불량한 태도를 지닌 점원들이 가게에 수두룩하게 버티고 있다면, 주인이 맞이하지 않는 수많은 고객들은 다시는 그 가게를 찾지 않는다.

가게의 주인이 테이블 한 손님 더 시중든다고 가게 매출이 오르는 것은 아니다. 가게의 주인은 직원의 서비스 마인드 교육을 철저히 해야 하고, 그들이 제대로 고객을 맞이하고 있는지 항시 체크해야 한다. 직원은 사장에겐 언제나 친절하기 마련이다. 그들이 내게 보이는 친절한 미소를 고객들에게도 내보이는지, 사나운 개가 돼서 고객들을 쫓고 있는 것은 아닌지 철저하게 주시해야 한다. 창업은 교육에서부터 시작된다. 서비스도 직원들에게 교육을 통해 몸에, 마음에 습득이 되게 만들어야 한다. 교육이 없는 창업, 단언컨대 성공과 멀어지는 지름길이다.

'정'보다 좋은 서비스는 없다

　　　　　　한국에서 식당을 하는 점주가 손님에게 절대 듣지 말아야 할 말이 있다. 음식이 맛없다는 말이 아니다. 가게가 비위생적이라는 말도 아니다. 출입문을 열고 나가는 손님의 입에서 "여기 정말 정떨어지는 곳이네!"라는 말을 들었다면 점주 스스로를 반드시 점검해 볼 필요가 있다.

　자신이 장사를 하는 곳이 한국이 아니라면 '정떨어지는 곳'이라는 소리에 크게 개의치 않아도 된다. 하지만 한국에서 장사를 하고 있고, 앞으로도 해야만 한다면 이 소리를 정말 아프게 받아들여야 한다. 한국은 '정'을 기반으로 한 서비스를 제공해야 자신의 사업이 성공할 확률이 높아지는 나라다. 이것은 한국이라는 나라의 정서적 특수성 때문인데, 다른 나라들과는 분명히 차별되는 지점이다.

한국은 마음으로 하는 서비스를 예부터 중요시해왔다. 예전 시장에서 할머니들한테 콩나물 100원어치 사면 옆에 있던 다른 나물을 100원어치보다 더 주던 기억이 난다. 고객이 자신에게 무언가를 사주는 것을 고맙게 여겨 뭐라도 하나 더 챙겨주고 싶고 감사의 표시를 하고 싶은 마음이었을 터. 하지만 언젠가부터 우리네 문화에서 정을 주고받는 문화가 약해지고 있다. 점주와 손님 간 관계에 정이 빠지고 경직된 감정만이 오고 간다. 물론 점주와 종업원이 정을 안 주고 싶어서 그런 것은 아닐 것이다. 다만, 정을 어떻게 서비스하는지 몰라서 그런 것 일 뿐.

정을 줄 수 있는 것은 타고난 성품일 수도 있지만 교육을 통해 배울 수도 있는 부분이다. 자영업과 프랜차이즈의 가장 큰 차이가 여기서 발생한다. 자영업에서는 경험할 수 없는 프랜차이즈만의 고객 응대법 교육과 서비스 교육은 고객을 다시금 찾아올 수 있게 만드는 애티튜드를 내재하게 만든다. 유럽식 EDM 펍 '클램'의 경우 고객들이 출입문을 들어설 때마다 감탄하는 부분이 있다. 화려한 인테리어, 특색 있는 요리도 좋지만 점주와 종업원들의 손님을 대하는 태도가 여느 술집과는 다른 분위기를 자아내기 때문이다. 마치 드라마 '파스타'에 나오는 것처럼 오픈 된 주방에서 활기차게 일하는 모습, 손님의 말을 경청하고 불편한 것은 없는지 세심하게 체크하는 부분, 손님이 뒤돌아 나갈 때 뒷 모습에 대고 정중히 인사를 하는 모습 등은 손님에게 다시금 찾아올 기분 좋은 기억을 남겨준다.

물론 한국적인 정이 가득한 식당이라고 해서 고객들이 다 사랑하는 것은 아니다. 하지만 고객들이 사랑하는 곳엔 언제나 한국적인 정이 가득한 것만은 사실 일터다. 요즘 주위를 둘러보면 음식의 맛에만 집착해 한국적인 정을 등한시하는 곳이 있다. "주방장이 식당을 차리면 망한다"라는 옛말이 있지 않던가. 오로지 맛에만 신경을 쓰면 성공하는 시대가 아니다. 음식 맛에만 집중하면 망하기 쉬운 시대다. 맛에 자신 있는데 장사가 잘 안된다면, 당장 내일부터 고객에게 한국적인 정을 푸짐히 선사해 보시길.

가격 '프레임'을 바꿔라

　　　　　　　　　몸에 든 버릇처럼 생각에도 버릇이 든다는 사실을 알고 있는가? 프레임에 갇혀 어느 한 쪽으로만 일정 기간 고민과 사유가 계속되면, 자연스레 생각에 버릇이 들게 된다. 한가지 화두에 대해 수 십 가지의 다른 생각이 나오는 것이 마땅한데, 오직 하나의 생각만을 믿고 의지하게 돼버리는 것이다. 요즘 우리 사회에 '가격' 에 대한 화두가 심심찮게 올라온다. 그런데 이 '가격' 에 대해 꽤 많은 대한민국 사람들이 한 가지로만 생각을 하게 된 것 같다. 비싸면 무조건 나쁘고 싸면 착하다는 이 잘못된 생각의 버릇은 프랜차이즈 기업이 미래를 꿈꾸지 못하게 하는 악몽의 씨앗과도 같다.

　　얼마 전 프랜차이즈 갑질 논란과 더불어 한 치킨 프랜차이즈의 비싼 가격이 논란이 됐다. 그 업체가 치킨 가격을 올림으로 다른 치킨 프랜차이즈의 가격도 동반 상승 할 것이라며 그 업체는 '악질'이란 오명을 쓰게 됐고, 가격이 싼 이른바 '착한' 치킨집들이 사람들의 하마평에 오르내렸다. 각종 뉴스와 인터넷 여론을 지배한 이 생각의 편향성에 소름이 돋았다. 단순히 가격만을 비교해서 비싸면 '악질', 싸면 '착한'이라는 수식어를 붙이다니. 우리 모두 '가성비'에 대해 진지한 토론을 이어가야 할 때인 것 같다.

대한민국의 시장 체제는 자유경쟁이 바탕이다. 자유경쟁이라 함은 다분히 소비자 위주로 가격이 꾸려진다는 이야기다. 소비자가 선택하지 않으면 망하고, 그렇게 되지 않기 위해 소비자가 납득할 만한 가격대를 책정하는 것이다. 치킨의 경우를 예로 들어보자. 17,000원짜리 치킨을 팔았다고 치자. 다른 치킨집들은 15,000원이다. 소비자는 17,000원짜리 치킨이 맛있고 양이 많으면, 맛없는 15,000원짜리 치킨을 선택할 리 없다. 이것이 바로 소비자가격이다. 소비자가 인정하는 가격이라는 말이다. 이른바 '가성비'. 하지만 지금의 추세가 어떠냐 하면 단순히 가격비교만 해서 17,000원에 치킨을 파는 곳을 무조건 나쁜 곳이라고 한다. 2,000원을 더 받기 위해 들어간 연구비와 인력비를 전혀 고려치 않는 것이다.

가격은 경쟁력이다. 비싸도 그만한 값어치가 있으면 팔리고, 싸도 값어치가 없으면 팔리지 않는다. 비싼 만큼 다른 매장에서 내지 못하는 맛과 서비스를 제공할 수 있다면 그 비싼 가격이 경쟁력이 된다. 하지만 지금 사회의 분위기로 봤을 때 비싸게 파는 곳은 무조건 도둑놈 취급을 받는다. 프랜차이즈 본사가 힘들게 연구하고 심혈을 기울여 내놓은 상품들이 단지 비싸다는 이유로 배척받는 것은 도무지 이해할 수 없는 현상이자 잘못된 생각의 버릇이라 말하고 싶다.

지금 이 글을 읽는 분들 중 어떤 분들은 궤변이라며 속으로 부글부글 끓고 계신 분들도 있을 터다. 하지만 우리는 화두에 대해 여러 가지 생각을 해야 하고 경청하는 자세가 되어야 한다고 생각 한다. 가맹점의 수익을 등한시하고 본사의 이익을 늘리기 위해 치킨값을 올리는 프랜차이즈는 망해야 함이 옳다. 하지만 가맹점과의 상생도 생각하며 상품 개발에 열을 올리고 있는 수많은 프랜차이즈 기업들이 있다는 것 역시 인정해야 함이 옳다. 단지 가격이 비싸다는 이유만으로 욕을 듣는다는 것은 가혹하다. 우리 모두 진지하게 '가성비'에 대한 생각의 프레임을 넓혔으면 하는 바람이다.

실패의 문턱에서 '나'를 돌아보라

인생을 표현하는 수많은 비유법 중 'B와 D 사이의 C'라는 말을 좋아한다. 태어나서(Birth)과 죽을 때까지(Death) 끊임없이 선택(Choice)을 해야만 하는 것이 인간의 업보다. 그런데 요즘 인간의 이런 업보를 남들보다 몇 곱절 더욱 무겁게 느끼는 이들이 늘고 있다. 바로 장사가 안돼 업종변경을 고민하고 있는 이들이다. 장기적인 경제 불황으로 인해 업종변경을 생각하는 대한민국의 수많은 이들. 이들이 모두 올바른 선택으로 인생의 역전 만루 홈런을 터트리면 좋겠지만, 그런 경우는 손에 꼽을 정도인 것이 애석한 현실이다.

업종변경에 대한 유혹은 장사를 하는 이들이라면 그 어느 때라도 맞닥뜨릴 수 있다. 신규 창업 후 장사가 안 될 경우나 선택한 아이템의 유행이 지나 매출이 떨어졌을 경우, 주변 상권에 경쟁업체가 우후죽순 늘어나 매출이 줄어든 경우, 간신히 유지는 되고 있으나 매출 상승의 희망이 보이지 않는 경우 등이다. 이런 상황을 맞닥뜨리면 마음이 흔들려 현 상황을 벗어나고자 하는 것이 인간의 심리다. 그래서 부랴부랴 업종변경을 하는 것인데, 업종변경이라는 것이 그리 쉽게 생각하고 접근할 문제가 아니다.

　우선 업종변경을 고민하는 사람들 중 장사를 한 지 1년이 지나지 않은 이들은 그 고민을 조금은 접어두길 바란다. 그런 시기가 책에는 나와 있지 않지만 일반적으로 장사에 대한 성패 여부를 결정하는 기준을 1년으로 삼는다. 네 가지 계절을 모두 겪어보고, 동네에 대한 파악이 완료되는 시점과 같다. 1년이 지났는데 매출이 오르긴커녕 하락세가 지속된다면 사람을 바꾸든 업종을 바꾸든 변해야 한다. '아니, 업종을 바꾸는 것은 이해가 가는데 사람을 바꾸라니?' 라는 생각이 드는 이들이 있을 것이다. 사람들은 장사가 안 되면 아이템 탓, 상권 탓 하기 바쁘다. 하지만 정작 장사가 안 되고 망하기 일보 직전까지 간 데는 다른 이유가 있다. 바로 '누가' 장사를 했기에 망하기 일보 직전까지 왔는가 하는 것이다.

　상권이 안 좋은 곳에서도 장사가 잘 되는 곳은 많다. 아이템이 안 좋아도 게 중에서도 성공을 이뤄내는 이들이 있다. 그 누구라도 장사의 실패에 있어서 자신은 모두 문제가 없을 것이라 생각한다. 하지만 장사가 망하는 집의 특징은 바로 '점주' 혹은 '주인'에게 그 책임이 있다는 것이다. 아이템도 아니고 상권도 아니고 자기 자신 때문이다. 장사가 안돼서 업종전환을 생각한다면, 그 무엇보다 자신에 대한 냉철한 분석이 우선시 돼야 한다. 업종이나 아이템 선택은 그 이후다. 자신의 어떤 점이 장사에 악영향을 끼쳤는지 면밀히 분석해서 변화해야 한다. 업종 변경 전에 태도 변경이 먼저라는 이야기다.

앞서 업종변경이 쉽게 생각하고 접근해선 안될 일이라고 주지 한 바 있다. 쉽게 판단하고 실행하면 '두 번' 망하게 되는 지름길을 걸을 수 있다. 한 번은 모르겠지만 두 번 망하게 되면 다시 회생하기 힘들어진다. 업계에 이런 이야기가 있다. '망할 때 빨리 포기하는 것도 장사의 기술이다'라는 이야기. 정말 안 되겠으면 더 손실을 보기 전에 가게를 처분하는 것이 이득일 때가 있다. 기약 없이 붙들고 있다거나 말도 안 되는 엉터리 아이템을 창업하게 되면 돈도 잃고 열정도 잃고 삶에 대한 애착도 잃게 된다. 빨리 포기할 줄 아는 사람이 적게 잃을 때도 있는 법이다.

경기가 날로 안 좋아지고 장사를 하는 것이 전혀 돈벌이가 되지 않을 것 같은 요즘의 대한민국에서 우리는 참 고생이 많다. 돈에 쫓겨 마음만 급해지는 상황에서 무엇이 올바른 판단인지 가늠하기는 힘들다. 그럴 땐 필자가 오늘 말한 '자기 자신 돌아보기'와 '빨리 포기하기'를 한번 떠올려보기를. 아무것도 아닌 것 같은 이 말들이 그 누구에게는 '묘수'로 작용할 수도 있으니 말이다.

창업, '어디서' 할 것인가?

날 때부터 창업을 계획한 사람은 없다. 살다 보니, 인생의 흐름이 창업으로 가게 되는 경우가 대부분이다. 대학을 갓 졸업한 이들부터, 은퇴 후 제2의 인생을 준비하는 이들까지 창업을 준비하는 이들의 연령대는 다양하다. 한 가지 공통점은 이들 모두 저마다의 사연과 목표를 가지고 창업을 꿈꾸고 있다는 것. 대한민국 창업 후 생존율 17%, 그 안에 들기 위해 나름의 강인한 다짐들을 하고 있다는 이야기다. 하지만 창업을 성공으로 이끌기 위해선 목표와 다짐만으로는 부족하다. 냉철한 판단과 판단을 실행에 옮길 과감함이 필요하다. 그래서 예비창업자들의 올바른 판단력과 과감한 실행력을 높이기 위해 '창업의 육하원칙' 시리즈를 준비했다. 그 첫 번째 순서는 바로 '어디서' 창업을 할 것인가이다.

창업에 있어서 '어디서'는 메인 상권과 B급 상권에 관한 고민이다. 창업을 고민하는 이들은 무조건 메인 상권에서 점포를 열어야 성공 하는 줄 안다. 하지만 브랜드에 따라 메인 상권으로의 입성이 오히려 독이 되는 경우가 있다. 메인 상권에 들어갈 때 치열하게 고민해야 하는 부분이 있다. 바로 인건비다. 프리미엄 이자카야 '청담이상'을 예로 들어보자. 청담이상이 메인 상권에 들어갔다고 하면 가성비가 없는 그저 그런 이자카야가 되었을 것이다. 투자비용이 비싸고 인건비가 많이 들어가고 임대료가 비싸니까 점주 입장으로서는 수익률이 떨어지는 악재를 맞게 된다. 청담이상은 메인상권으로 입성하는 것이 잘못된 접근 방법이다. 그렇다면 어디에 오픈을 해야 하는 걸까? 청담이상 같은 브랜드라면 중심상권에 들어갈 때 꼭 거쳐야만 하는 위치에 오픈을 하는 것이 맞다. 이른바 B급 상권이다. B급 상권이어도 가시성만 있다면 청담이상의 외형으로 손님들을 끌어모을 수 있고, 손님들의 재방문율을 잘 유도할 수 있다. 청담이상은 지금까지 그런 곳에 점포를 내서 A급 상권을 능가하는 B급 상권을 이뤄냈다.

메인 상권에 들어가고 싶은 예비창업자들의 열망은 안다. 메인 상권을 지나치는 모든 사람이 내 손님이 될 것만 같고 금세 부자가 될 수 있을 것 같은 미래의 청사진을 그려보는 것이 나

뿐 것은 아니다. 다만 당신이 선택한 업종이 메인 상권에 들어가서 성공할 수 있는 업종인지 고민을 해봐야 한다는 것이다. 만약 떡볶이 집 하나를 오픈하더라도 메인 상권에 오픈을 한다고 하면 셀프서비스를 시행하는 분식점이라야 한다. 대략 월 매출 오천만 원 중 천만 원을 임대료 내고, 천만 원 넘는 돈이 인건비로 나간다. 원가도 천만 원 이상 나가고 더욱이 부대비용까지 생각하면 정작 본인이 가져가는 돈은 형편없다. 줄일 수 있는 비용이 오직 인건비뿐 이기에 인건비를 고려치 않고 무작정 메인 상권에 욕심을 부리면 장사해서 남 좋은 일할 수 있다.

또한 예비 창업자의 경우 거주지 인근에서 창업하려는 성향이 강하다. 자신이 잘 알고 있는 지역에 대한 자신감 때문이다. 하지만 그 지역에 사는 것과 그 지역에서 장사를 하는 것은 엄연히 다르다. 막연한 자신감으로 상권분석, 업종분석을 등한시하고 인근 거주지에 창업을 하게 되면 기필코 망한다. 그리고 나면 자신에게 남아있는 것은 그렇게나 잘 알고 좋아했던 지역에 대한 증오와 환멸뿐 일 것이다.

앞서 대한민국 창업 후 생존율이 17%라는 이야기를 언급했다. 나머지 83%의 실패자들은 뼈저린 경험을 통해 알 것이다.

창업을 어디서, 어떤 업종으로 하는 것이 그토록 중요한 것이었는지를. 창업의 성공 여부는 창업을 한 후가 아닌 창업을 하기 전부터 판가름 난다는 것을 잊지 말아야 한다.

창업, '언제' 할 것인가?

　당신은 대졸인가? 이 물음에 수긍을 하던 부정을 하던 지금 시대엔 중요치 않다. 대학을 졸업한 것이 더 이상 인간을 특별하게 만들어 주지 않는 시대이기 때문이다. 예전엔 대학이 좀 더 나은 삶을 보장한다는 믿음이 있었다. 실제로도 그랬다. 그 전통적 고정관념은 아직도 남아있어 국내 고교 졸업생 10명 중 7명이 대학에 진학한다. 하지만 통계청이 발표한 2017년 6월 고용동향에 따르면 고학력자(대졸 이상) 실업률이 2017년 6월을 기준으로 4.2%(52만 9,000명)으로 가장 높았다. 이는 전체 평균 실업률인 3.8%보다 0.4%p 높은 수치며, 2012년 이후 가장 높은 기록이다. 우린 대학 졸업장이 이제 한낱 종이에 불과한 시대에 살고 있는지도 모른다.

　창업의 육하원칙 두 번째 시리즈인 '창업, 언제 할 것인가?'

를 이야기함에 앞서 대학 졸업장 이야기를 꺼낸 것은 청년들도 이제 창업을 대학 졸업 후, 혹은 사회생활을 어느 정도 해본 후 하는 것으로 생각지 말아달라는 의도가 깔려있다. 창업의 시기는 단순하다. 지금, 바로 지금이기 때문이다. 창업은 이른바 백화점에서 옷 고르는 것과 똑같다. 백화점에서 옷을 고를 때 처음 보고 마음에 든 옷을 사지 않고 한 바퀴 빙 둘러보다 살 옷이 없으면 그 사람은 그날 쇼핑 못한다. 그 브랜드가 내 것이다 싶을 때는 주저하지 말아야 한다. 창업도 마찬가지다. 마음에 드는 창업업종을 만났다면 주저 없이 해야 한다. 고등학교를 갓 졸업했다 해도, 대학에 진학 후 졸업장을 따지 못했다고 하더라도 말이다.

비즈니스 컨설턴트인 테일러 피어슨은 그가 쓴 저서《직업의 종말》에서 직업 대신 창업을 꿈꾸라고 조언한다. 물론 테일러 피어슨이 무턱대고 창업을 권하는 것은 아니다. 직업을 '다른 누군가가 만들어 놓은 시스템에 따라 일하는 것' 창업을 '시스템을 직접 고안하고 창출·연결하는 것'으로 정의해 그것에 맞춰 창업을 권하는 것이다. 자신만의 규칙이 있고 그것을 발전시킬 수 있다면 직업은 굳이 필요치 않다.

청년 외에 중 장년층도 마찬가지다. 청년들이 너무 빨리 창업을 한다는 두려움이 있다면 중 장년층은 그와 반대로 너무 늦지는 않았는지에 대해 걱정한다. 늦는 것은 없다. 다만 결정을 했다면 바로 실행에 옮겨야 한다. 고민에 고민을 거듭하다 어쩔 수 없이 시간에 쫓겨 원치도 않는 브랜드를 선택하면 실패할 확률이 높아진다. 언제 할 것인가? 내가 하고 싶다면 지금 당장 해야 한다. 다음에 한다고 좋은 결과가 있는 것은 아니다.

실제로 창업을 희망하는 필자의 고객들 중 하루 만에 계약하는 사람도 많다. 그렇다면 그분들이 실패를 하느냐. 그렇지 않다. 대개 빠른 결정을 한 이들은 자신감에 넘친다. 그리고 그 자신감은 그의 행동에 나타나며 그 행동은 자연스레 고객을 끌어들인다. 일종의 '피그말리온' 효과라 생각하면 될 것이다.

또한 불경기에는 창업을 하지 않으려는 사람들이 많다. 물론 업계 내에 그런 경향이 있다. 경기가 좋을 때는 창업하려는 사람이 많고 불경기에는 창업을 기피하고는 한다. 하지만 오히려 불경기 때가 창업의 적기라 볼 수 있다. 의식의 역설이 필요한 것이다. 경쟁자가 적었을 때, 그리고 프랜차이즈 본사가 불경기로 인한 가맹점주 모집에 무한한 서포트를 해줄 때가 바로 불경기 때다. 사실 창업을 하려는 이들은 호경기, 불경기를 분석하는데 시간을 허비하기보다 지금 바로 창업을 실행에 옮기는 것이 중요하다. 자신이 어떻게 하느냐에 따라 호경기와 불경기는 그 역할이 바뀔 수 있다. 결정은 빠르게, 생각은 다르게 하는 것이야말로 창업을 하려는 당신에게 꼭 맞는 날을 지정해 줄 것이다.

창업, '누가' 할 것인가?

'누가'는 하이라이트다. 창업의 육하원칙 중 필자가 가장 중요시하고 예비창업자들에게 누누히 강조를 하는 부분이 바로 '누가'다. '누가' 창업을 하고 창업을 한 점포를 이끄느냐에 따라 성공과 실패는 극명하게 갈린다.

장사를 하는 분들에게 늘 하는 세 가지 말이 있다. 하나는 브랜드를 잘 선택해야 한다. 둘째는 브랜드에 맞게끔 상권을 잘 뽑아야 한다. 마지막이 가장 중요한데, '누가' 하느냐. 만약에 본인이 하는 것이 아니라 점포 운영을 동업이나 남에게 위탁을 하게 되면 성공 확률에 변동이 생긴다. 수익률도 많이 바뀌게 된다. 실제로 수익이 잘 나지 않는 매장에 점주를 바꿔 운영해보니 최대 매출이 20%까지 차이가 났었다. 그만큼 점포를 운영하는 사람의 역할이 중요하다는 이야기다.

창업을 할 때 오토(자신이 운영에 참여하지 않고 사람을 대신시켜 가게 운영을 유지하는 것)로 돌리는 사람들이 있는데, 그런 사람의 가게는 수익률이 상당히 떨어진다. 주인이 가게에 신경을 안 쓰고 돈만 투자한다는 것은 흡사 망해도 괜찮다는 마인드를 가지고 있는 것과 진배없다. 주식도 본인이 돈만 투자하고 가만히 있는 것이 아니지 않나. 등락폭을 수시로 점검해야 하고, 수시로 주식을 사고팔아야 하는데 장사를 하면서 돈만 투자하고 가만히 있는다는 것은 너무도 무책임한 행동이다. 특히 동네 상권인데 오토로 돌리면 100% 망한다. 동네 상권은 고객 접점이 단골 고객을 70% 이상 확보를 해야 하는데, 이런 가게에서 주인의식 없는 직원들만으로 단골을 만들 수 없다. 다만, 오토는 단골 장사가 아닌 유동인구가 많은 데서는 가능하다. 불특정 고객들을 상대하는 메인 상권으로 들어가면 된다. '누가' 하느냐에 따라서 입지 전략이 바뀌고 브랜드도 바뀐다.

간혹 "장사를 잘하려면 어떻게 해야 하나요?"라며 묻는 사람들이 있다. 필자가 해주는 답은 "할 게 너무 많다"다. 장사를 하려면 리스크를 안고 간다는 마음으로 목숨을 걸고 가야 한다. 그냥 오는 돈은 없다. 장사가 잘 되는 매장은 점주가 직원들의 교육을 철저히 한다. 고객을 맞이하는 것은 점주가 아니라 직원들이다. 고객들에게 그들은 가게의 첫인상이 된다. 그들이 고객들에게 좋은 첫인상을 심어주게 행동하기 위해선 점주가 직원들에게 끊임없이 그 행동과 정신을 요구해야 한다. 그래서 점주들은 직원들과 대화를 많이 해야 한다. 그저 "알았지?"한 마디만 하고 방치하면 안 된다. 알아들을 때까지 끊임없이 연습시키고 주지시켜야 한다.

옛날에는 장사였지만 지금은 사업이다. 예전에는 장사를 돈 없고 배운 것 없고 몸으로 때우는 사람들이 하는 것으로 인식했지만 지금의 장사는 사업이다. 직원 교육도 잘해야 하고, 마케팅 계획도 세워야한다. 이제는 공부하지 않는 사람은 장사에서 실패한다. 열심히만 해서 성공하는 시대가 아니다. 고객의 니즈를 충족시키지 못하는데 열심히만 한다고 되겠나? 열심히 하는 '누가' 보다 잘 하는 '누가' 가 되어야만 성공한 창업자가 될 수 있다.

창업, '왜' 할 것인가?

　　　　　최승자 시인은 〈삼십 세〉라는 시에서 "이렇게 살 수도 없고 이렇게 죽을 수도 없을 때 / 서른 살은 온다"라고 썼다. 그의 시구를 창업에 빗대어 표현하자면 "이렇게 살 수도 없고 이렇게 죽을 수도 없을 때 / 창업을 한다" 정도 되려나. 약간의 과장은 있겠지만 본질은 맞으리라 본다. 요즘 창업을 하려는 이들 중 자신이 '왜' 창업을 해야 하는지 모르고 무작정 창업을 하는 경우가 많다. 물론 그들 나름대로는 이유가 있다 하며 "취업을 해서 직장생활을 하다가 지쳐서", "갑자기 부모님이 목돈을 지원해주셔서", "은퇴 후 하릴없이 시간을 보내는 것 같아서" 등등을 이야기한다. 하지만 잔인하게 이야기 하자면 이것은 창업을 하게 된 이유가 될 수 없다. 최승자 시인의 시처럼 이렇게 살기도 저렇게 죽기도 싫기 때문에 그저 '생각 없이' 창업을 한 것과 진배없다.

창업을 결심할 때 드는 "왜"라는 물음에는 끊임없는 자기 성찰이 들어가 있어야 한다. 창업의 동기가 돈을 벌기 위한 것인지, 아니면 새로운 세상으로의 도전인 것인지, 삶을 더 발전적으로 살기 위한 도약인 것인지에 대해 스스로 면밀히 고민해야 한다. 이런 고민들을 충분히 한 후에도 창업을 하고 싶으면, 그때 하면 되는 것이다. 하지만 안타깝게도 창업을 하는 많은 이들이 창업을 할 때 "왜"라는 물음에 진지하지 않은 것은 물론 타이밍 역시 잘 잡지 못한다.

창업자들은 계약하기 전에 시간을 많이 갖고 고민을 하기 마련이다. 짧게는 며칠에서 길게는 몇 달까지. 그 고민들 끝에 결정을 내리고 계약서를 쓰고 공사가 들어가는데, 그 과정에서 후회하는 사람들이 많다. 거의 열에 아홉이 불안해한다. "내가 이걸 왜 했지?"라는 생각이 드는 것이다. 그런데 "왜"라는 것을 계약서를 쓰기 전에 생각을 했어야 하는데, 꼭 저지르고 나서 사람들은 "왜"라는 물음을 갖는다. 그때 생기는 "왜"라는 물음은 후회를 동반한다. 그런 분들은 반드시 필자에게 전화가 온다. "저 불안한데 이거 괜히 했나 봐요. 어쩌죠?" 그때 필자가 그들에게 하는 말은 간단하다. "결정은 이미 내려졌는데 본인이 그 고민을 지금 해 봤자 의미 없다. 지금은 왜라는 물음을 가지기엔 늦었다. 선택하기 전에 마지막으로 '왜'에 대해서 생각을 한 번 더 하고 선택했어야 했는데 지금에 와서 이러는 것은 자신의 의욕만 떨어뜨리는 일"이라고.

창업을 결심하고 진행했다고 하면 남들 잘하는 가게 쫓아가서 전투적으로 벤치마킹을 해야 하고, 점포 운영 계획도 짜야 하고 직원 모집도 해야 하는데도 시간이 모자라다. 해야 할 일이 얼마나 많은데 다시 "왜"라는 물음으로 돌아가다니 이게 가당키나 한 일인가.. 그런 분들치고 장사 잘 하는 분들을 본 적이 없다. 대개 장사를 잘하는 분들을 보면 "왜" 라는 부분에 미련을 안 가진다. 자신이 선택을 했으니까 반드시 성공해야겠다는 의지만 가득하다. 창업을 하기 전에 "왜"에 대해 전투적으로 생각하고, 창업을 한 후에는 깨끗이 잊어버리는 것! 그것이 성공 창업의 노하우다.

세상은 절실한 이에게 백기를 든다

창업 시장의 한 가운데서 느끼는 요즘의 소회는 단 한 가지다. 연일 비상이라는 것. 지난 7월 이후 위축된 소비심리가 반등의 기미를 보이지 않는다. 소비자들의 닫힌 지갑을 열기 위해 업체들마다 셀링 포인트 찾기에 고심하고 있지만 묘수를 찾기가 여간 힘든 게 아니다. 한국은행의 소비자 동향조사 결과 9월 소비자심리지수는 107.7로 지난 7월 이후 지속적으로 감소하고 있다. 또, 지난 12일 한국개발연구원(KDI)이 내놓은 '10월 경제동향'에 따르면 국내 8월 소매판매액 증가율은 전년 동기 대비 0.8%에 그쳐 올 2월 이후 6개월 만에 최저치를 나타냈다. 한국 사회가 경제적 호황을 맞았던 적이 언제인지도 가물가물 한 가운데, 불경기 속 창업이 과연 현명한 일인가에 대한 질문이 심심찮게 들어온다. 이 글을 통해 그에 대한 답을 내어주려 한다.

사실 창업을 하는 데 있어 호경기와 불경기를 나눠 고민한다
는 것은 아이러니한 일이다. 자신이 창업을 할 준비가 돼 있고
충분한 시장조사와 준비기간을 거쳤다면 거침없이 실행에 옮기
면 된다. 아무리 불경기라도 돈을 쓰는 사람은 쓰기 마련이다.
하지만 예비 창업자들은 소비자들의 소비심리가 잔뜩 위축된
상태라는 것에 생각이 고정되어 준비가 다 됐음에도 쉽사리 창
업하지 못한다. 창업을 하면 손해를 볼 것 같아 과감한 투자도
망설여진다. 이른바 '불경기 창업 포비아'다. 할 수 있다는 자
신감만으로는 불경기 창업 포비아를 극복하기란 힘들다. 그래
서 불경기 때 소자본창업이 빛을 발한다.

　　창업을 원하는 이들이 불경기를 맞닥뜨렸을 때 보이는 몇 가
지 특징이 있다. 돈을 투자하는 것을 꺼리는 것, 몸 쓰는 일을
선호하는 것, 안정적인 아이템을 선호한다는 것 등이다. 이를
방증하듯 불경기에는 무점포, 소자본창업이 득세를 한다. 토
탈 홈서비스를 제공하는 리테리어 같은 업체는 불경기에 창업
을 고민하는 이들에게 원활한 솔루션을 제공하고 있다. 리테
리어는 주거 환경을 꾸미거나 건물 보수, 수리 등 토탈 리폼을
제공하는 업체다. 기술형 창업 아이템으로 일반 프랜차이즈
창업과 달리 안정적으로 운영할 수 있다. 또 점포 없이 운영할
수도 있어 고정 비용 지출이 적고 초기 투자비용의 부담이 상

대적으로 낮아 불경기 창업에 여러모로 유리한 점이 있다. 기술창업이라고는 하나 본사에서 기술 교육을 시행하기 때문에 망치를 처음 들어 본 사람이라도, 여성이라도 쉽게 창업이 가능하다. 본사에서 어플을 개발해 오프라인 만이 아닌 모바일로도 일거리를 수주할 수 있어 가맹점주들에게 안정적인 수입을 보장하고 있다. 손해 보기 겁나는 예비 창업자들에게 매력적인 창업 아이템이다.

이 불경기가 언제 끝날지 기약할 수 있는 이는 없다. 다만 이런 상황에서도 사람들은 돈을 쓰기 마련이고, 창업을 하려는 이들은 그들에게 어필할 수 있는 아이템과 노력을 기울여야 한다. 불경기에 소자본, 무점포 창업이 인기라고 하지만 그에 따른 성공과 실패의 가늠은 본인의 역량이다. 이왕 창업을 하기로 마음먹었다면, 마치 인생의 마지막인 것처럼 절실하게 부딪히길. 아직까지는 돈이 많은 사람도, 운이 좋은 사람도 절실한 사람에게 지는 세상이라 믿고 있으니.

온라인에 정성의 '온기'는 없다.

요즘 인터넷을 보기가 피곤하다. 밥 한 끼, 술 한 잔하기 위해 '맛집'이라는 키워드를 인터넷 검색창에 치면 무수히 많은 정보가 나온다. 그 정보들 중 '진짜'를 구별해 내는 것이 여간 쉽지 않다. 소리는 들리지 않지만 "이리로 오세요, 잘 해드릴게"라는 소위 호객행위를 하고 있는 가짜 글들이 넘쳐나기 때문이다. 이는 점점 더 치열해지고 있는 외식업 온라인 마케팅 때문이라 할 수 있다.

외식업을 운영하는 이들만큼 온라인 홍보에 열을 올리는 이들도 없다. 실제 많은 잠재 고객들이 인터넷을 통해 맛집 검색을 하는 시대이니만큼 당연한 순리 일 수 있다. 하지만 자신의 점포를 사람들에게 홍보하는 수단으로 꼭 온라인만을 집착하는 것은 정답이 아니라고 생각한다. 온라인 마케팅과 홍보보다 중요한 '어떤 것'을 외식 창업자들이 간과하고 있는 것은 아닌지 의문이 든다.

외식업에 뛰어든 창업자는 점포의 홍보를 위해 수많은 고민을 하게 된다. 프랜차이즈 점포야 본사에서 홍보와 마케팅에 대한 부분을 지원해주고 가이드를 제시해주니 그 고민이 한결 가볍지만 프랜차이즈가 아닌 일반 외식 점포의 대표라면 고민의 무게는 나날이 무거워진다. 전단지 제작도 생각해볼 것이며, 입간판 혹은 네온 사인 등으로 고객의 시선을 끌어도 보고 싶어질 것이다. 물론 온라인 마케팅은 1순위 홍보 방안으로 이미 고려하고 있을 것이다. 이유인즉슨 온라인 마케팅을 남들이 다 하기도 하거니와, 그럴싸한 말들로 약간의 조작(?)을 가미해 글을 써서 홍보해 준다니 귀가 솔깃할 수밖에 없다. 이에 맛집 키워드 검색, 블로그 작성, 그 외 인스타그램이나 페이스북을 활용한 SNS 마케팅을 적극 시도해 볼 것이다.

남들 다 하는 온라인 마케팅, 하지 말라는 이야기는 아니다. 다만 온라인 마케팅에 생각이 함몰되어 정작 자신의 점포를 찾아오는 고객들에게 서비스를 등한시 하지 말라는 이야기를 하고 싶다. 자신이 융통할 수 있고, 점포를 원활하게 운영할 수 있는 자금의 범위를 넘어서까지 온라인 홍보에 집착하는 이들이 많다. 이들의 특징 중 하나는 온라인을 통한 고객의 반응에는 민감하게 반응하면서 정작 실제 자신의 점포 내에서 발생하는 소소하지만 중요한 부분들을 간과한다. 자신의 점포를 고객에게 홍보하는데 있어 가장 중요한 것은 찾아주는 고객을 다시금 방문하게 하는 점포 구성원의 마음가짐과 행동이다.

첫 번째로 맞이하는 사람이 누구인가에 따라서 그 점포에 대한 이미지가 달라진다. 점포의 주인이 테이블 한 손님 더 시중 든다고 매출이 오르는 것은 절대 아니다. 주인은 직원의 서비스 마인드 교육을 철저히 해야 하고, 그들이 제대로 고객을 맞이하고 있는지 항시 체크해야 한다. 직원은 사장에겐 언제나 친절하기 마련이다. 직원들이 고객들에게도 그런 친절함을 내보일 수 있도록 교육을 통해 몸에, 마음에 습득이 되게 만들어야 한다. 그런 친절함을 받은 고객이라면 그는 필시 다른 이들에게도 그 점포에 대한 긍정적인 이야기를 전할 것이다. 이것이 쌓이고 쌓이면 그보다 더 좋은 홍보 마케팅이 있을까? 우리가 온라인 시대에 살고 있는 것은 맞지만, 오프라인에서 사람은 더 감동받는다. 뒤돌아 나가는 고객에게 따스하게 전하는 "안녕히 가세요"라는 말이 '맛집' 키워드 백 개 보다 훨씬 효과가 좋다. 물론, 아직까지는 말이다.

'담음새'에도 아름다움이 있다

육체는 정신을 담아낸다. 정신이 변하면 육체 또한 변화한다. 성실하고 건강한 정신에 비대한 육체를 가지긴 힘든 이치다. 음식과 그릇도 이와 마찬가지다. 음식에 따라 그릇의 종류가 변화해야 한다. 냉면은 차가운 놋그릇이나 스테인리스 스틸 그릇에, 김치찌개는 양은 냄비나 뚝배기 그릇에 내놓아야 한다. 음식과 그릇을 따로 생각할 수 없다. 하지만 한국의 수많은 외식 창업자들은 이 점을 간과한다. 손님에게 내어주는 음식의 맛만 중요하게 생각하지, 그 음식을 담아내는 그릇은 도통 신경 쓰려 하지 않는다.

한국은 예로부터 음식의 그릇과 관련한 에피소드가 많은 민족이다 주영하 한국학중앙연구원 교수의 〈한국인은 왜 이렇게 먹을까?〉에 따르면 우리의 조선시대 양반들이 사랑한 그릇은 놋그릇이었다. 구리의 공급이 원활하지 못한 그 시대에 놋그릇은 귀한 대접을 받았다고 한다. 1960년대 중반 스테인리스 스틸이 식그릇의 표준이 되었다. 이는 수급이 불안정했던 정부의 쌀 소비 정책과 관련이 있다. 1973년 서울시장은 표준 식단을 제시하고 대중 식당에서 반드시 스테인리스 스틸 밥공기를 사용하도록 지침을 내렸다.

　시대가 달라지고 권력층이 바뀌면서 한국인의 밥상에 올라가는 그릇들의 재질과 모양도 점차 바뀌어왔다. 하지만 한국인의 밥상에 예로부터 변하지 않는 것이 있다. 한국인들의 손님맞이 마음이다. 손님이 올 때를 대비해 정갈하고 예쁜 그릇들은 아껴두었다가, 손님이 오면 음식을 정갈하게 그 그릇들에 담아내는 것. '보기 좋은 떡이 맛도 좋다' 는 옛 속담은 한국인들에게 일종의 지침서와 같은 역할을 했다. 하지만 이는 안타깝게도 가정에만 국한된 이야기다. 한국의 식당엔 찾아오는 손님을 위한 그릇이 도통 준비될 줄 모른다. 예로부터 지금까지 말이다. 맛만 좋으면 그것을 담아내는 것이 무엇이 중요하냐는 식당 주인의 무신경함이 화가 날 정도로 고쳐지지가 않고 있다.

　다행인 것은 점차 그릇의 중요성을 알아가는 외식업체가 조금이나마 늘고 있다는 점이다. 이자카야 브랜드인 '청담이상'

의 경우 일본 현지에서 공수한 그릇들을 사용해 고객들에게 서비스하고 있다. 일식 요리가 주류인 '청담이상'의 요리들을 일본 전통 문양과 모양의 그릇들에 정갈히 담아내고 있다. 술잔 역시 사케에 어울리는 사케 전용 잔을 서비스한다. 다양한 디자인을 손님에게 보여준 뒤 손님이 자신이 원하는 색과 문양의 잔을 고르는 형식이다.

국내 대표 한식 전문점인 '송추 가마골' 등에서는 에릭스 도자기의 제품을 사용하며 고객들의 만족도를 높이고 있다. 에릭스 도자기의 제품은 1,300℃ 이상의 고온에서 소성돼 잘 깨지지 않고 내구성이 일반 도자기에 비해 2~3배 정도 강하다. 또한 품질과 디자인이 뛰어난 데다 음식의 맛을 전달하는 기능적인 측면이 강조돼 고객을 끌어들이는 또 하나의 포인트가 되고 있다.

장사가 잘 되는 식당을 살펴보면 그 집만이 고집하고 있는 특별한 점이 존재한다. 가령 인테리어나 음식의 맛, 고품질의 서비스 등 고객이 식당을 찾아가게 되는 포인트를 식당 주인들은 더욱 발전시켜 강화한다. 그릇 역시 장사가 잘 되는 식당의 포인트가 될 수 있다. 입을 만족 시키는 새로운 맛, 눈을 만족시키는 화려한 인테리어보다 더욱 고객들의 찬사를 받을 수 있다.

그릇은 사람의 정서를 환기시켜 주기 때문이다. 찌그러진 막걸리 잔에서 우리네 옛 어른들의 고단함과 흥의 정서를 불러 일으키고, 제사 때면 어김없이 등장하는 녹그릇은 먼저 가버린 소중한 이들의 기억을 불러일으킨다. 어묵 국물이 담긴 싸구려 플라스틱 그릇을 사용하고 있노라면 학창시절 친구들과의 추억이 생각나기도 한다. 오감보다 강렬한 정서를 불러일으키는 그릇의 힘. 대한민국 외식 창업자들이 한 번쯤 심사숙고해야 할 부분이다.

불황기 창업엔 '가심비(價心比)'를
공략하라

세상엔 숨길 수 없는 것이 네 가지가 있다. 기침과 가난, 사랑 그리고 불황을 맞은 창업자의 표정이다. 도무지 해법이 보이지 않고 빠져나갈 출구가 보이지 않는 2018년 대한민국의 '장기 불황의 늪'. 누군가는 불황일수록 창업을 하라 권하지만 권하기만 할 뿐 그 누구도 책임을 져주진 않는다. 그 모든 책임을 오롯이 떠안는 것은 창업자 자신이기 때문이다. 때문에 신중에 신중을 기하고, 걸러서 들을 말과 자기 자신의 상황을 냉철하게 판단하는 이성적인 사고를 항상 간직하고 있어야 한다.

지난해 한국경영자총협회는 11월 말~12월 초 회원사와 주요 기업 273곳을 대상으로 진행한 '2018 최고경영자 경제전망 조사'를 공개한 바 있다. 그 조사에서 기업의 42.5%가 내년 경영 계획 기조로 '현상 유지'로 꼽았고 긴축 경영은 39.5%였다. 하지만 기업 규모에 따라 경영 여건 차이가 뚜렷했다. 300인 이상 기업의 경우 과반인 52.1%가 내년에 '현상 유지' 기조를 택했지만, 300인 미만에서는 '긴축 경영'(45.7%)의 비중이 가장 컸다.

조사 내용이 규모가 있는 기업의 이야기일 뿐 창업자들은 귀담아들을 필요 없다고 생각한다면 큰 오산이다. 창업은 곧 경영이다. 특히 300인 미만 기업들이 긴축경영을 택하고 있다면 창업자들은 그들의 선택에 주목해야 한다. 수많은 창업 전문가들은 이런 상황일수록 창업을 하라고 권하지만 무턱대고 창업을 했다간 망하는 것은 시간문제다. 아이템도 신중해야 하지만 시대가 요구하는 장사인의 마인드가 무엇인지 면밀하게 파악한 후 창업을 해야 한다.

불황은 가성비가 높은 아이템이 인기가 높다. 저렴한 가격에 그 값어치 이상의 것을 산다는 기분을 느끼고 싶어 하는 이들이 많아지기 때문이다. 하지만 2018년의 대한민국은 가성비로만 고객을 붙잡을 수 없다. 불황이어도 쓸 돈은 쓰는 이들이 늘고 있으며, 그들은 가성비를 넘어서 가심비(價心比)를 추구하고 있다.

가심비란 가격 대비 마음의 만족을 추구하는 소비 형태를 뜻하는 말로 많은 비용을 감수하고서라도 구매 후 만족하고 안심할 수 있는 구매 의사결정을 추구하는 현상이다. 예를 들어 2017년에 등장했던 햄버거병, 살충제 계란, 발암물질 생리대와 그 밖의 위생 및 식품 속 유해물질 제품의 등장으로 소비자들이 대안 식품을 섭취하고 천연소재로 만든 제품을 대신 사용하는 등 심리적인 안정을 위한 소비 방법이 두드러지게 되었던 경우가 있다. 이 소비 역시 가심비를 만족시키는 소비행위라 할 수 있다.

하지만 사회현상과 관련한 가심비 아이템을 창업 아이템으로 하기엔 지속 주기가 불안정하다는 단점이 있어 반짝 아이템으로 끝나버릴 위험이 있다. 필자가 추천하는 불황을 극복하는 창업 방법은 "가성비 좋은 아이템에 질 좋은 서비스"를 시행하는 것이다. 가격으로 1차 만족시키고, 다른 곳에서 받아보지 못 할 더 없는 친절과 편안함을 고객에게 서비스하며 2차 만족감을 안겨주는 것이다. 생각해보라. 가격도 싸고 서비스도 좋은 곳이라 입소문 나며 고객들이 우르르 찾아오는 모습을. 당신의 상상은 곧 현실이 될 것이다.

호박에 줄 그은다고 수박이 되지 않는다

사람이 죽음을 앞두고 겪는 심리의 단계는 '부인→분노→타협→우울→수용'이다. 비단 죽음뿐만 아니라 삶의 곳곳에서 죽음과 같은 느낌을 자아내는 상황을 우리는 맞닥뜨리게 된다. 장사를 하는 사람이 폐업을 결심하게 되는 그 순간도 저런 단계를 거치지 않을까? 그 과정을 거칠 때 폐업을 하는 이들의 마음속에 피어오르는 작은 희망 하나. '업종변경을 하면 나아지지 않을까?'

사람은 실패를 할 때마다 자신이 실패한 원인에 대해 자문을 하기 마련이다. 폐업도 마찬가지다. 무엇이 부족하고 소홀했기에 가게 문을 닫아야 하는 상황에까지 왔는지에 대해 끊임없이 자책 혹은 원망을 하기 마련이다. 그런 생각의 끝에 다다르면 으레 자신이 선택한 아이템 자체가 잘못되었다고 스스로를 위로 하기도 한다. 업종변경에 대한 유혹은 바로 이러한 위로에서 부터 시작된다.

하지만 애석하게도 업종변경을 간판만 바꾸고 새로운 마음으로 시작하면 된다는 안일한 생각을 가진 이들이 많다. 간판만 바꾸고 내부 인테리어와 유니폼은 그대로라면 고객들은 큰 혼란에 빠지게 된다. 바뀐 것 같은데 바뀌지 않은 부분들로 인해 고객들은 그 곳을 더 이상 신뢰하지 않게 된다.

물론 폐업을 생각해야 할 정도로 경제적인 부분이 넉넉지 않은 사실을 간과해선 안 된다. 업종 변경을 위해 충분한 자본을 재투자하기가 쉽지 않다는 것을 십분 이해 한다. 하지만 가급적 이전에 쓰던 시설들을 최대한 활용하더라도, 최소한 페인트를 이용해 내부의 분위기를 바꾸는 시도는 해야한다. 업종변경은 주인뿐 아니라 찾아주는 고객들에게도 리프레시한 느낌을 선사해 줘야 하기 때문이다.

리프레시와 연관 지어 이어 말하자면 아이템 역시 폐업을 한 아이템의 느낌을 지워야 한다. 삼겹살 집을 했다가 업종변경을 해서 돼지갈빗집으로 하지 말라는 이야기다. 비슷비슷한 고기냄새를 풍기면 고객들은 그곳의 신선함을 느끼지 못하고 "예전 그 점포가 이름만 바뀌었구나"하고 생각을 해버리게 된다. 후각은 예상외로 사람들에게 주는 정보가 많다. 고객이 그곳을 지나며 맡아보지 못했던 향을 내뿜어야 고객의 발길을 잡을 공산이 커진다.

또한 1인 창업이 아니라면 주인은 물론 종업원의 서비스에도 각별한 주의를 기울여야 한다. 사람들의 입소문을 거칠게 타서 망하게 되는 경우가 꽤 많기 때문이다. 사장이 아무리 고객에게 친절하게 서비스를 하더라도 종업원의 태도가 오만불손하다면 그 가게는 오만불손한 가게가 된다. 주인이 숯불 피우고 카운터 계산에만 열을 올리지 말고, 종업원을 세세하게 관찰하고 그들에게 주지시켜야 할 사항이 무엇인지 깐깐하게 셈을 해야만 한다.

도무지 갈피가 잡히지 않아 또 망할 것 같다 싶으면 프랜차이즈를 알아보는 것도 한 방법이다. 간편한 조리 및 식자재 준비, 체계적인 프랜차이즈 시스템은 업종변경을 결심한 가맹점주들의 고민을 한층 덜어줄 수 있다. 하지만 이 역시 탄탄한 프랜차이즈 시스템과 계절에 영향을 받지 않는 아이템인지 충분히 고민해 봐야 한다.

창업이란 긴 여정을 떠나는 당신에게

Chapter 3

창업의
갈림길에 서서

Chapter 3 /

창업의
갈림길에 서서

하루 동안의 영광을 한탄하지 말라

창업에 있어서 가장 중요한 것이 무엇일까? 많은 이들이 사업 아이템, 상권, 인력 관리 등을 떠올리겠지만 이것은 정답의 근사치일 뿐 정답은 아니다. 창업에 있어서 가장 중요한 것은 바로 멘탈(Mental)이다. 이른바 창업가 정신이라고도 일컬어지는 이것은, 특히 처음 창업을 하는 초보 창업자들에게 그 무엇보다 우선시 돼야 할 창업 제일의 조건이다.

근화일일자위영(槿花一日自爲榮). 중국 중당의 시인인 백락천의 칠언율시 <방언> 5수 중의 첫 수에 실려있는 시구다. 하루 동안의 영광을 한탄하지 말라는 의미를 가지고 있다. 사람의 영화는 무궁화 꽃과 같이 하루 동안 피었다 지는 것이라고 해서, 하루 동안의 성공과 실패를 슬퍼하고 기뻐하는 자체가 어리석다고 말하고 있는 것이다. 백란천의 시구에서 초보 창업자들이 알아차려야 할 것은 바로 '일희일비(一喜一悲)' 하지 않는 고결한 마음이다.

창업을 하기로 결심을 하면 그 순간부터 고민에 고민을 연거푸 떠안게 된다. 어떤 업종의 창업을 할 것인지, 점포를 어디에 오픈을 할 것인지, 종업원은 얼마나 두어야 하는지 등 신경 써야 할 게 한가득이다. 이렇게 힘든 과정을 거쳐 창업을 하게 되었다면 과연 마음이 편해지느냐 하면 그것도 아니다. 오히려 온갖 걱정과 고민들이 매시간 매초 창업자를 찾아온다. 어떤 업종이건 창업을 하고 난 후 창업자들은 극심한 육체적, 정신적 어려움에 직면한다. 매일 영업실적에 따라 아침저녁으로 창업 자체를 후회하며 일희일비하는 창업자들이 많다. 물론 그 마음을 모르는 것은 아니다. 필자도 수없이 많은 창업을 직접 해보고, 남들을 돕기도 하며 그런 사례를 숱하게 경험해봤다. 그래서 이야기해 줄 수 있는 것이다. 매일 수없이 맞닥트리게 되는 창업의 다양한 이슈들에 절대 흔들리지 말라고 말이다.

초보 창업자가 흔들리지 않기 위해선 마음의 여유가 필요하다. 마음의 여유는 어디에서 비롯되냐면, 바로 여유자금에서부터 비롯된다. 창업자들은 창업을 할 때 절대 자신이 가진 물질적 인프라를 넘어서는 창업 아이템과 점포를 선정하면 안 된다. 6개월 정도 수입을 벌 수 없다는 가정하에 그 기간을 버틸 수 있는 여유자금을 확보한 상태에서 창업을 시작해야 한다. 과감한 마케팅으로 선제공격을 할 수 있는 여유까지 챙기면 금상첨화다. 그렇지 못하면 창업 후 하루하루가 위태로워진다. 손님 입장에서도 잘 먹고 가는 손님을 기분 좋게 배웅하는 것이 아니라 영수증만 쳐다보며 한숨만 짓는 사장이 있는 점포를 어찌 다시 가겠는가? 사장이 마음의 여유가 없다는 것은 그 누구보다 손님이 가장 먼저 알아차린다.

인생은 길다. 그리고 당신이 창업을 하기로 마음먹은 순간부터 당신의 창업 인생도 길어진다. 근화일일자위영의 참뜻을 곰곰이 곱씹어 보며 멀리 보고, 천천히 가는 창업 인생을 살기 바란다.

졸부 CEO를 위한 경영 마인드 안내서

'주방장이 음식 장사를 하면 망한다' 라는 말이 있다. 외식업을 경영하며 맛에만 치중하면 성공하지 못한다는 것인데, 비단 맛뿐 만 아니라 무엇 하나에 생각이 함몰돼 중요한 다른 것들을 잊어버리면 그 경영은 실패할 확률이 높다. 특히 외식업을 경영하는 사람 중 졸부 CEO들이 경영상 그런 누를 자주 범한다. 오늘은 경영상 가장 중요한 것들을 놓치며 사는 대한민국의 몇몇 졸부 CEO들을 위한 글이 될 것이다. 졸부 CEO들의 경영 마인드 안내서쯤 되려나.

2017년도 식품산업 주요통계를 살펴보면 2015년 기준 식품 · 외식산업 규모는 약 192조 원으로 나타났다. 음식료품 제조업이 84조 원, 외식업은 108조 원으로 나타났는데, 식품제조업의 연평균 성장률은 6.8%, 외식업은 8.9%로 나타났다. 외식업이 전년대비 크게 성장한 배경에는 1인 가구 증가와 함께 외식업 프랜차이즈의 꾸준한 증가가 있다.

이토록 대한민국의 외식업 프랜차이즈의 외연은 확장되어가는데, 그것에 맞춰 외식업계 CEO들의 경영 마인드 수준이 함께 올라가고 있을까. 필자의 대답은 노(NO)다. 어째서 이렇게 단언을 하냐면, 2017년에 일어난 끝없는 프랜차이즈 대기업 CEO들의 사건과 사고들 때문이다. 국민들을 경악에 빠트렸던 그 사건과 사고들로 인해 프랜차이즈 본사들의 신뢰도는 바닥을 향해갔다.

그렇다면 프랜차이즈 CEO가 된 졸부들은 무엇을 놓치며 사는 걸까. 사회적으로 지위가 있는 이들이 사회에 긍정적인 영향을 끼치는 '노블레스 오블리주'를 바라는 것은 아니다. 하지만 경영인으로서 응당 갖춰야 할 도덕적 청렴함을 그들은 자주 잊고 사는 것 같다. 사회적 지위는 올라갔는데, 생각하는 수준과 행동하는 수준이 그것에 따라 올라가지 못했기 때문에 일어난 일이다.

요즘의 고객들이 가장 중요시하는 것은 맛이 아니다. 맛과 서비스, 인테리어와 환경 등은 기본이며 해당 외식기업의 모든 이미지를 고객들은 눈여겨서 본다. 그 식당이 아무리 맛이 좋아도 서비스가 떨어지면 좋은 평이 나갈 수 없고, 맛과 서비스 모두 만족시켜도 회사 이미지가 바닥을 향하면 그것 역시 그 식당을 가지 않을 명확한 이유가 된다.

회사의 이미지를 만드는 것은 구성원이 아니다. CEO의 말 한 마디와 행동 하나에 기업의 이미지는 순식간에 만들어진다. 이런 일례로 2017년에 일어났던 프랜차이즈 외식업 CEO들의 도덕적인 결함이 나타난 사건들이 있다. 그리고 그 사건의 여파는 아직도 유효해 2017년 내내 사람들에게 회자되고 있다. 이런 졸부 CEO들을 보면 한 가지 바람이 생긴다. 겸손함, 배려심, 상생하려는 의지를 가르쳐주는 전문 교육기관이 있어야 한다는 것. 그곳에 내가 알고 있는 꽤 많은 이들이 참석을 해 교육을 들어야 한다는 것이다.

식당을 창업하는 이들 중 프랜차이즈 사업을 염두에 두고 사업을 하는 이들이 점차 늘고 있다. 자신의 미래에 대해 원대한 계획을 세우는 것은 바람직한 일이다. 다만, 자신의 꿈이 커가는 것과 비례해 자신이 지켜야 할 사회적 약속들에 대해서도 충분히 시간을 내 고민을 해봐야 한다. 후에 이 글의 졸부 CEO라는 단어에 흠칫 놀라는, 그렇고 그런 삼류 CEO가 되지 않으려면 말이다.

물귀신이 된 외식업계 '벤치마킹'

　　　　　　　　해외 이민자들 사이에 떠도는 속설
이 하나 있다. 중국인들과 한국인의 차이에 관한 이야기다. 특
히 호주 이민 사회를 중심으로 공공연하게 퍼져 있는 이 속설은
"중국인은 동포가 사업이 잘 되면 같이 힘을 모아 그 사업을 크
게 만들고, 한국인은 그 동포의 사업을 그대로 따라 만들어 결
국에는 다 망하게 한다"라는 내용이다. 씁쓸하지만 인정할 수
밖에 없는 처연한 현실이다. 해외로까지 퍼져있는 한국 창업 시
장의 무분별한 벤치마킹 습성은 이제 더 이상 웃고 넘어갈 일이
아니게 돼 버렸다.

　　창업 시장 중 외식 창업 시장은 이미 오래전부터 벤치마킹을
통해 외형적 몸집을 급속하게 불려왔다. 메뉴와 서비스, 인테리
어뿐만 아니라 전체적인 콘셉트부터 각종 운영 시스템에 이르

기까지 벤치마킹이 하나의 경영 기법으로 활용되고 있는 것이다. 벤치마킹의 사전적 의미는 '어느 특정 분야에서 우수한 상대를 표적으로 삼아 자기 기업과의 성과 차이를 비교하고 이를 극복하기 위해 그들의 뛰어난 운영프로세스를 배우면서 부단히 자기혁신을 추구하는 경영기법'이라 명시돼 있다. 벤치마킹은 원래 토목분야에서 사용되던 말이었다. 강물 등의 높낮이를 측정하기 위해 설치된 기준점을 벤치마크(benchmark)라 부르는데, 그것을 세우거나 활용하는 일을 벤치마킹이라고 불렀다. 경영 분야에서 이 용어가 처음 사용된 것은 1982년 미국의 뉴욕주 로체스터에서 열린 제록스사의 교육 및 조직 개발 전문가 모임에서 부터라고 알려져 있다.

 하지만 요즘 한국의 벤치마킹은 사전적 의미가 퇴색할 만큼 무분별한 그리고 무차별적인 복제의 향연이다. 이런 경향은 특히 메뉴에서 그런데, 특정 메뉴가 뜬다고 하면 곧바로 유사업종에서 같은 메뉴를 선보이는가 하면 다른 업종에서조차 이를 변형한 메뉴가 나타난다. 이런 메뉴 벤치마킹은 프랜차이즈 업계에서는 더욱 비일비재하게 일어나고 있다. 해당 메뉴를 변형하거나 하는 노력을 기울이지 않고 그대로 모방한다는 것. 비슷하지만 다른 메뉴가 아니라 그저 비슷한 메뉴로 따라 하기만 급급하니 날 선 공방이 벌어지기도 한다.

이러니 프랜차이즈 업계에서 신 메뉴를 론칭 하기 두렵다는 이야기가 공공연하게 나오고 있다. 각고의 노력과 연구비를 투자해 만든 메뉴를 다른 회사에서 그 어떤 노력도 없이 그대로 모방을 하니 맥이 풀리고 분노가 치밀어 오를 수밖에 없다. 문제는 이러한 행태들이 관행이라는 미명 아래 묵살되고 있다는 것이다. 필자가 아는 돼지고기구이 프랜차이즈 전문점 대표는 기 천만 원을 들여 메뉴를 개발하고 테스팅 한 것을 다른 업체에서 아무런 노력 없이 베껴가며 사업을 벌여나가는 모습을 보곤 한동안 자괴감과 무기력함에 빠졌었노라 고백하기도 했었다.

외식업계의 창업 시장규모가 커지고 있음은 분명하다. 하지만 양이 아닌 질적으로 성숙해지고 있냐는 물음에는 고개가 갸우뚱 해진다. 무분별한 벤치마킹으로 인해 브랜드의 수명이 현저히 줄어들어 레드오션 외식업계의 미래는 더욱 핏빛으로 물들고 있다. 한국처럼 유행 주기가 급속히 짧은 시장에서 외식업의 벤치마킹을 이대로 놔두면 사태가 더욱 나빠질 것은 자명하다. 하지만 이러한 상황에도 불구하고 벤치마킹을 하지 않고 외식업을 운영하기란 결코 쉽지 않다. 검증된 아이템의 유혹을 이겨내기란 정말 쉽지 않은 일이기 때문이다.

이런 상황을 타파하기 위해선 정책적인 부분과 법률적인 부분이 더욱 강화돼야 하지만 무엇보다 외식업을 운영하는 이들의 시장을 보는 눈이 달라져야 한다. 예전 코카콜라의 한 관계자가 직원들에게 이런 이야기를 한 적이 있다. 콜라의 점유율을 가지고 다른 업체들과 경쟁하지 말고 사람들의 '위장의 지분'을 더욱 확보하라는 이야기다. 콜라에 국한하지 말고 마시는 모든 제품으로 생각을 확대해 제품의 경쟁력을 확보하라는 이야기다. 외식업계 창업을 준비하는 이들이여, 벤치마킹에만 힘쓰지 말고 사람들의 위장 지분을 늘리기 위해 다각도로 연구하시길. 공짜는 후에 무조건 탈이 나게 마련이다.

비물질적 영역에 답이 있다

돈이 많은 사람이 창업을 하게 되면 성공할 확률이 높아진다. 하지만 장기적인 관점에서 돈보다 창업의 성공률을 더욱 높여주는 것이 있다. 바로 '창업 정신' 혹은 '기업가 정신'이라 불리는 멘탈이다. 요즘 세상에 눈에 보이지 않는 비물질적 가치가 무엇이 중요하냐고 반문할 수도 있지만, 요즘 같은 세상이기 때문에 비물질적 가치가 더욱 가치 있게 빛을 발할 수 있다고 생각한다. 눈을 현혹하는 물질적 '쓰레기'들이 난무하는 세상에서 눈에 보이지 않는 말 한마디, 배려 하나에 사람들은 오히려 더욱 감동을 받는다. '기업가 정신' 역시 말 많고 탈 많은 창업 시장에서 고객에게 감동을 주고 스스로를 다잡을 수 있는 창업가의 단단한 뿌리 역할을 해 줄 수 있다.

미국의 경영학 수업에는 '기업가 정신학'이라는 수업이 있다. 우리나라에서도 벤처경영학과를 둔 몇몇 대학교에서 이 수업이 진행되고 있다고 한다. '기업가 정신학'이란 학생들에게 기업가 정신을 스스로 체득하게 함으로써 도전적이고 창의적인 미래를 설계하여 창업할 수 있도록 준비시키는 학문이다. 대학교에서는 주로 벤처기업의 창업과 지속적인 성장 방안에 대해 배우고 연구하는 교과과정으로 쓰이고 있다.

미국에서부터 중요시하기 시작한 이 '기업가 정신'에 대해서 우리나라 정부도 주목하고 있다. 2018년부터 중고등학교에서 기업가정신을 교육하기 시작해 2020년까지 단계적으로 정규 교과목으로 편성할 계획이라고 한다. 국가적으로 창업에 대한 투자를 늘리고 있는데 반해 정신적인 교육은 약했던 느낌이었는데, 창업 정보와 창업 정신의 두 가지 트랙으로 교과과정을 짠다고 하니 반가운 소식이 아닐 수 없다.

그렇다면 대체 왜 '창업 정신' 혹은 '기업가 정신'이 창업자들에게 필요한 것일까? 점점 삶의 영역이 개인으로 국한되고, 타인과 관계 맺기 어려워하는 이들이 늘고 자신의 울타리 안에 있는 이들의 이익만을 우선시하는 풍조가 이어지고 있는 와중에 '창업 정신'은 공동체 의식에 대한 재고는 물론 함양까지 그 역할을 해 낼 수 있기 때문이다.

기업을 이끌어 가는 기업가는 이윤을 창출하면서도 사회적 책임을 잊지 않는 정신을 가지고 있어야 한다. 이는 규모에 상관 없이 창업을 한 모든 이들에게 적용해야 하는 말이다. 미국의 경제학자 슘페터는 기업가를 혁신자로 보았고 그는 혁신자가 갖추어야 할 요소로 신제품 개발, 새로운 생산 방법의 도입, 신시장 개척, 새로운 원료나 부품의 공급, 새로운 조직의 형성, 노동 생산성 향상 등을 꼽았는데 현대에는 이러한 전통적 의미의 기업가 정신에 인재 양성, 공정한 경쟁, 근로자 후생 복지, 사회적 책임 의식 등이 추가됐다.

성과주의에 함몰돼 잊고 있던 인간적 가치에 보다 중점을 두는 것이 바로 현대의 '창업 정신'이다. 불행인 듯 다행인 점은 요즘 성공한 창업가들 중 인간적 가치를 잊고 경영을 하다가 그것이 세간에 알려져 뭇매를 맞고 시정 노력을 기울이는 이들이 늘고 있다는 점이다. 세상 아래 자신보다 높은 사람은 없다는 착각 아래에 안하무인 직원들 혹은 고객들을 대하다 된통 당하는 이들은 '창업 정신'이 부재한 사람들이라는 공통점이 있다.

물론 자신의 과오를 뉘우친 후 '창업 정신'을 깨닫고 새로운 삶을 살아가는 창업가들보다 그렇지 못한 이들이 훨씬 많은 것이 현실이다. 어려운 일이다. 자신의 이익과 함께 사회적 책임 역시 신중하게 고려해 사업을 펼쳐나간다는 것은 정말 고되고 힘든 일이다. 그렇기에 창업은 신중해야 한다. 나누어 더불어 살기 위한 이들이 보다 적극적으로 창업 전선에 뛰어들길 바라는 마음이다.

급할수록 돌아가는 현명함을 발휘하라

2017년 통계청에서 창업자들을 대상으로 흥미로운 통계를 조사해 발표한 적이 있다. 통계청이 발표한 '2017년 8월 경제활동 인구조사 비임금근로 부가조사 결과'에 따르면 최근 자영업에 뛰어든 10명 중 3명이 종잣돈 500만 원도 구비하지 않았던 것으로 나타났다.

창업자 중 사업 자금 규모별로 살펴보면 500만 원 미만이 28.3%로 가장 큰 비중을 차지했고 이어 500만 원에서 2천만 원이 22%, 2천만 원에서 5천만 원이 21.2%였고 3억원 이상은 1.2%였다. 흥미로운 통계 결과는 또 있었다. 500만 원 미만의 종잣돈을 사용한 자영업자들은 주로 본인 또는 가족이 마련한 돈을 사용했지만 은행, 보험회사, 상호신용금고 등을 이용했다는 인원도 31.5%나 됐다. 더욱이 자영업으로 직종을 변경한 인원들 중 57.4%는 임금 근로자였다.

이 통계가 우리에게 시사하는 바는 과연 무엇일까? 불경기가 계속되는 이 시점에서 안정적인 월급을 받다가 실직하고 생계를 위해 자영업으로 '몰리는' 사람들이 늘고 있다는 이야기다. 특히 이들 중 88.9%는 사업 준비기간이 1~3개월 정도였다. 급한 마음에 제대로 준비가 안 된 상태에서 창업을 시작하니 창업 생존율은 극히 낮을 수밖에 없다.

물론 마음이 급하고 돈이 없는 이들을 위한 창업 아이템은 시중에 산재해 있다. 심지어 점포가 없어도 되는 창업 아이템들도 수두룩하다. 이런 아이템들이 자랑스럽게 홍보하는 부분은 바로 '가성비'다. 적은 돈으로 큰 효율을 얻게 해주겠다는 것과 싼 재료로 고객을 만족시키는 메뉴를 팔게 해주겠다는 것이 이들이 내세우는 '가성비'의 핵심이다.

물론 개중에는 정말 속이 꽉 찬 사업 아이템이 있을 수 있다. 하지만 잘 다니던 직장에서 하루아침에 쫓겨나고 모아둔 돈도 얼마 되지 않은 실직자에게 그런 실속 있는 사업 아이템을 고를 신중함과 인내는 좀처럼 기대할 수 없다. 이들이 고려하는 우선순위는 개업 시기가 빠른 아이템, 적은 돈으로 개업할 수 있는 아이템, 망해도 크게 타격받지 않을 아이템 등이다. 충분한 시간을 가진 후 제 발로 걸어가는 것이 아니라 시간에 쫓겨 몰려가다 보면 반드시 놓치는 부분이 생기고, 그 놓치는 부분은 향후 가게 운영에 막대한 피해를 안겨 줄 요지가 크다.

돈에 쫓기고 시간에 쫓기는 이들의 마음은 그 사람이 되어봐야 이해할 수 있다. 제 앞길 걱정보다 건사할 식구들 걱정에 밤잠 설치는 날이 다수인 그들에게 섣불리 종잣돈을 모으며 때를 기다리라 말할 순 없다. 그렇다고 급한 마음에 덥석 아무 창업 아이템이나 잡으라고는 더더욱 추천할 수 없는 일.

이런 이들을 위해선 때를 기다리되 다각도로 현명하게 창업에 대한 접근을 해야 하는 것을 이야기해 줄 수밖에 없다. 사무실이나 점포를 얻을 돈이 부족하다면 창업보육센터를 이용하는 것도 하나의 방법이 될 수 있다. 대학이나 지자체에서 운영하는 창업보육센터에서는 저렴하게 사무실을 임대해줄 뿐 아니라 창업 지원금까지 주는 경우가 많다. 또한, 각종 사업에 필요한 컨설팅도 받을 수 있기 때문에 창업 경험이 없는 이들이 유용하게 활용할 수 있다.

국가나 지자체에서 창업 지원금을 신청해 받는 것 역시 고려

할 수 있다. 물론 창업 지원금을 받기 위해선 제반 서류와 창업에 관한 다양한 증명, 그리고 적절한 자기 어필이 필요하다. 성가시다면 성가시지만 당장 종잣돈이 없어 창업하지 못하고 있는 이들에게 성가심이 대수일까. 섣불리 뛰어들어 실패를 경험하는 것보다 조금 더 시간을 들여 성가심을 경험하는 것이 더 이득이라는 것을 명심해야 한다.

'실버 창업' 십계명

　초고도 노령사회가 다가왔다. 하지만 이른바 100세 시대라 하는 요즘 세상에 수명이 늘어났다고 마냥 기뻐만 하는 사람들은 몇 없는 것 같다. 100세 시대에 하릴없이 노는 사람들이 늘고 있고 있기 때문이다. 더 이상 그 어떤 기업에서도 원치 않는 존재가 되어 버린 은퇴연령의 사람들은 대개 자신이 가진 재산을 자식에게 나눠주고 그들에게 용돈을 타서 쓰는 지루한 일과를 반복하고 있다.

　은퇴연령이 65세라고 가정하면 약 30여 년간을 직업 없이 자식들이 주는 용돈과 연금으로 삶을 이어나가는 이들. 삶의 노하우를 제 속에 가득 채운 채 뒷방 늙은이 신세가 된 이들에게 고한다. 걸을 힘이 있거들랑 꿈을 꾸고 노력을 하라고 말이다. 자식에게 돈을 넘겨주지 말고 그 돈으로 열심히 사는 아버지의 모습을 더욱 오래 보여주라고 말이다.

혹자는 이렇게 말할 것이다. 젊은이들도 취업하기 어려운 이 시대에 은퇴한 이들을 다시금 받아 줄 기업이 그 어디 있겠냐고. 누가 취직을 꿈꾸라고 했는가. 바로 은퇴한 당신의 나이야말로 창업을 하기 정말 좋은 나이다. 풍부한 경험과 적지 않은 자본금을 가지고 있는 당신이라면 창업을 통해 제2의 인생을 다시금 설계할 수 있다.

이른바 '실버 창업'의 가장 큰 장점은 오랜 시간 동안 쌓아온 넓은 인맥과 전문성, 그리고 경험이다. 또한 모아둔 자금이나 퇴직금을 활용한다면 젊은 층보다 창업 자금을 마련하기가 훨씬 용이하다. 젊은 치기로 부딪히는 창업이 아닌 오랜 노하우가 집약된 창업이라면 그만큼 성공 확률도 높아질 터다.

한국창업연구원은 '성공적인 실버창업을 위한 십계명'을 발표한 바 있다. 첫 번째, 돈을 버는 것뿐 아니라 일 자체가 자신의 능력에 맞고 즐거운 것이어야 한다. 돈 벌기만을 위한 창업이라면 실패하기 쉽다. 두 번째, 사회적으로 인정받는 일로서 남들이 좋은 인식을 갖는 아이템이어야 한다. 세 번째, 과거에 집착해 대접받기를 바라지 말자. 화려했던 과거 대신 현실을 직시하는 것이 필요하다. 네 번째, 평생 자신이 해 온 일을 통해 자신이 가장 자신 있게 할 수 있는 일을 찾아낸다. 다섯 번째, 지역 자원봉사 등을 통해 자신이 할 수 있는 일을 찾아낸다. 여섯 번째, 동료 친척 가족 등 주위의 인적 네트워크를 활용한다. 일곱 번째, 다양한 사람과 만날 기회를 갖는다. 컴퓨터 활용, 영업·마케팅 방식 등에서 아이디어를 얻을 수 있다. 여덟 번째, 수익 대비 비용 절감 방법을 연구한다. 아홉 번째, 젊은 사람들과 경쟁해야 하는 업종은 피하도록 한다. 열 번째, 전 재산을 걸고 하기 보다 보람을 느끼는 정도의 규모로 시작한다.

십계명의 마지막 항목이야말로 필자가 전하고픈 진정한 메시지다. 평생을 번 돈을 자식에게 나눠 줄 생각보다, 그 돈을 활용해 제2의 인생을 사는 아버지의 뒷모습을 오랫동안 가족들에게 보여주는 것이 더욱 현명한 자세다. 은퇴한 이들이여. 꿈을 꾸라. 나이가 찍은 문장부호가 마침표가 아닌 쉼표가 될 수 있도록 진한 꿈을 다시 한 번 꾸자.

'돈'은 그다지 힘이 없다

　　드라마에서나 볼 법한 일이 현실에서 벌어졌다. 그것도 꽤 오래전부터 공공연하게 (그 기업 구성원 모두가 알 정도로) 벌어져 왔던 일이라고 한다. 한동안 잠잠했던 재벌가의 갑질 논란. 이번엔 그 수위가 지나치다 싶을 정도여서 국민들의 분노가 좀체 누그러지지 않고 있다. 특히 재벌 3세의 만행에 이어 그 어머니의 과거 행적까지도 갑질 논란에 기름을 부어 대한민국은 지금 안하무인 재벌가를 성토하는 분위기로 들끓고 있다.

　　그 옛날 재벌 1세들은 자수성가한 케이스가 대부분이었다. 인재를 키우고 나라에 힘을 보탠다는 기업의 슬로건은 당시 1세대 기업인들 모두가 가지고 있었다. 국민들은 그런 기업인들에게 존경심을 가지고 있었고, 그런 존경심을 바탕으로 기업들은 글로벌하게 성장할 수 있었다. 그야말로 기업과 국민의 이상적인 선순환 구조였던 것이다.

하지만 1세대 기업인들이 기업의 토대를 만들어 2세대에게 물려준 후 이런 선순환 구조에 균열이 가기 시작했다. 많은 재벌 2세들은 빚에 의존해 외형만 키우다 좌초했다는 악평을 들어야 했고 이는 3세들에게도 똑같이 적용되고 있다.

국민의 눈높이와 지성이 높아졌다. 여느 영화의 대사처럼 국민들을 더 이상 개돼지로 보며 무시하면 안 되는 세상이다. 하지만 안타깝게도 그것을 우리나라 지배층들은 모른다. 그것들을 모르쇠 하다가 '미투 운동'이 이처럼 확산된 것이다. 이제 시작일 뿐이다. 지금까지는 뒤에서 몰래 하면 되는 줄 알지만 이젠 안 된다.

이는 프랜차이즈 기업의 오너들도 분명히 기억하고 있어야 할 부분이다. 외식업을 경영하는 사람 중 졸부 CEO들이 경영상 누를 자주 범한다. 대한민국의 외식업 프랜차이즈의 외연은 확장되어가는데, 그것에 맞춰 외식업계 CEO들의 경영 마인드 수준이 함께 올라가고 있지 않다. 경영인으로서 응당 갖춰야 할 당연한 예의와 도덕적 청렴함이 날이 갈수록 그들 안에서 지워져

가고 있는 것 같다. 사회적 지위는 올라갔는데, 생각하는 수준과 행동하는 수준이 그것에 따라 올라가지 못했기 때문에 일어난 일이다.

2012년 4월 조현민 당시 진에어 마케팅 부서장으로 진에어 신입 승무원 11기와 함께 한 안전교육을 받았는데, 그 현장 사진과 짧은 글을 싸이월드 미니홈피에 개재한 바 있다. 그녀는 SNS "짧고도 긴 2주"라고 운을 뗀 후 "말은 동기지만 결국 그들과 다른 길을 갈 나"라는 글을 썼다.

이는 그녀가 특권 의식을 확고히 가지면서 스스로를 다른 사람과 다른 차원의 존재라고 인식했다는 커다란 방증이다. 하지만 더 무서운 것은 이렇게 생각하며 삶을 살아가는 소위 돈 많은 이들이 많다는 사실이다. 서민들과 자신의 접점을 정신적으로, 물질적으로 완벽 봉쇄하며 살아가는 이들에게 법도 충고도 회초리도 무서울 리 만무하다. 이쯤 되면 대한민국에서 CEO들의 인성과 사회적 역할을 가르치는 전문적인 교육기관이 출범해야 되지 않을까?

지옥의 문턱에 서 있는 당신에게

　우리가 자주 하는 우스갯소리에 "남의 돈 벌어먹고살기가 힘들다"라는 말이 있다. 때에 따라 자존심을 품 안에 넣어두고 항상 웃는 낮으로 상대를 대해야 하는 회사생활의 애환을 빗댄 말이다. 지친 발걸음을 이끌고 친구들을 만나 거나하게 한잔할 때 우리는 자주 "다 때려치우고 장사나 할까?"란 말을 하기도 한다. 남의 눈치 안 보고 망하든 잘되든 자기 사업을 하며 돈을 벌고 싶다는 의중인데, 감히 말하자면 딱 술안주로만 할 이야기이자 생각이다. 단지 회사 생활이 힘들다는 이유 하나만으로 장사를 하겠다고 나서는 사람 치고 해피엔딩을 마주하는 이는 손에 꼽을 정도다.

　웹툰 '미생'에 이런 대사가 나온다. "회사가 전쟁터라고? 밀어 낼 때까지 나오지 마라. 밖은 지옥이다." 이 대사에 적잖이 공감을 한 이도 있을 것이고, 과대 표현을 한 것처럼 느낀 이도 있을 것이다. 필자는 이 대사를 보고 소름이 돋았던 기억이 있다. 장사를 만만히 보고 덤비려는 사람들에게 필자가 전하려고 하는 모든 느낌을 함축적으로 담아냈기 때문이다.

2018년의 대한민국은 '할 것 없으면 장사나 했다가 망하는 사람'이 급증하고 있다. 지난해 자영업자의 폐업률은 2%대 중반까지 치솟으며 사상 처음으로 창업률을 앞질렀다. 은행권의 자영업자 대출은 300조 원에 육박해 가계빚을 늘리는데 결정적인 기여(?)를 하고 있다.

이 같은 현상은 포화상태인 자영업 시장에서 수익을 제대로 올리지 못해 대출을 받아 임금, 임대료 등 운영경비를 마련하는 자영업자가 늘고 있기 때문이다. 그야말로 장사를 하면 죄인이 되는 세상이 된 것이다. 세금을 못 내서 죄인이고, 인건비 못 줘서 죄인이고, 임대료를 못 내서 죄인이 되는 것. 장사하면 사회에 공헌을 둘째치고 죄인이 될 확률이 커져 버렸다.

시간이 지나가면 상황이 좋아질 것이라는 기대도 현재로서는 무리다. 인구 고령화와 취업난 등의 여파로 많은 이들이 자영업에 뛰어들지만 성공하는 경우는 극히 드물며 동일 업종 간 경쟁

심화와 관광객 감소, 소비심리 저하, 임대료 및 인건비 상승 등 악재가 쌓이면서 자영업 경기는 날이 갈수록 위축될 가능성이 높다.

상황이 이러한데 다람쥐 쳇바퀴 굴러가는 느낌이 든다고 해서 회사 생활을 버리고 자영업에 뛰어들겠다는 사람은 아직 내공이 단단히 여물이 못한 이들이다. 창업 시장 상황과 자영업의 현실을 직시하고 숙고에 숙고를 거쳐서 결정해야 하는 것이 바로 창업이다. 물론 나이가 어리다면 사회 경험을 쌓는다는 미명이 있겠지만 챙겨야 할 식구와 가장의 책임감을 가지고 있는 사람이라면 창업은 인생 최대의 고민을 동반해야 함이 옳다.

인생의 성공은 무릇 100%라는 것이 작용하지 않는다. 운도 실력도 타이밍도 적절히 제 기능을 다 해줘야 한다. 자신이 창업을 할 마음의 준비가 단단히 되어 있고, 자금 운용의 돌발상황까지 감당할 수 있을 때 그때 창업을 생각해도 늦지 않다. 운은 그런 사람들한테 붙는 법이다.

일하기 싫은 자 먹지도 말라

노동은 신성하다. "일하지 않는 자, 먹지도 말라."라는 옛 격언처럼 노동은 우리 삶의 근간이며 먹을 수 있는 자격을 가늠하는 하나의 잣대가 되기도 한다. 하지만 노동이 신성하다는 것을 잘 알고 있는데도 불구하고, 우린 때론 일하지 않는 삶을 조심스레 떠올려 보기도 한다. 번듯한 건물 한 채를 가지고서, 다달이 들어오는 임대 수익으로 삶을 영위해 나가는 무위도식(無爲徒食)의 삶. 일장춘몽의 달콤한 꿈이 깨지고 나면 우리는 현실 앞에 초라하게 남게 되지만, 창업자들 중 간혹 그 환상에서 돌아오지 못하는 경우도 있다. 자신이 꿈꾸는 무위도식의 삶이 얼마나 위험한지도 모르고 말이다.

창업자들이 창업을 한 후 자신이 직접 매장을 꾸려나가는 것은 당연한 일이다. 하지만 피치 못할 사정으로 '오토 운영(창업자 외 아르바이트생들로 하여금 점포 운영을 맡기는 짓'을 하는 이들이 있다. 그들은 앞서 이야기 한 무위도식의 삶을 추구하는 것과는 거리가 멀다. 필자가 위험하다고 지적하는 것은 생업으로 창업을 하는 사람 중 단순히 게을러서 가게 운영을 오토로 돌리는 사람이다.

필자가 장사를 하는 분들에게 늘 하는 세 가지 말이 있다. 하나는 브랜드를 잘 선택해야 한다. 그리고 브랜드에 맞게끔 상권을 잘 선택해야 한다. 마지막이자 가장 중요한 사항이 바로 '누가' 하느냐다. 창업을 할 때 오토로 돌리게 되면 가게는 수익률이 상당히 떨어진다. 주인이 가게에 신경을 안 쓰고 돈만 투자한다는 것은 흡사 망해도 괜찮다는 마인드를 가지고 있는 것과 마찬가지다. 주식도 본인이 돈만 투자하고 가만히 있는 것이 아니지 않나. 등락폭을 수시로 점검해야 하고, 수시로 주식을 사고팔아야 하는데 장사를 하면서 돈만 투자하고 가만히 있는다는 것은 너무도 무책임한 행동이다.

점주가 가게에 나와서 청소를 하고 설거지를 하고 요리를 하라는 말이 아니다. 고객을 친절하게 응대하고 그 모습을 직원들이 보게끔 해야 한다. 장사가 잘 되는 매장은 점주가 직원들의 교육을 철저히 한다. 고객을 맞이하는 것은 점주가 아니라 직원들이다. 고객들에게 그들은 가게의 첫인상이 된다. 그들이 고객들에게 좋은 첫인상을 심어주게 행동하기 위해선 점주가 직원들에게 끊임없이 그 행동과 정신을 요구해야 한다. 그래서 점주들은 직원들과 대화를 많이 해야 한다. 점포에 나오지도 않고 전화로만 교육을 해서는 안 된다는 말이다.

노동을 기피하고 싶은 마음은 안다. 하지만 가족을 위해 미래를 위해 창업을 결심했다면, 그 결심에 걸맞은 최소한의 노력은 해야 한다. 편하게 돈 벌기 위해 창업을 선택했다고 한다면 그것은 잘못된 선택이다. 맨땅에 피 같은 돈을 쏟아붓는 꼴이다. 오토 경영, 그것은 게으른 당신을 위한 최악의 선택지일 뿐이다. 게으른 당신이여. 군대 수송부 요원들이 매일 아침마다 외치는 "닦고 조이고 기름 치자"와 같이 "출근하고 인사하고 가르치자"를 매일 아침 가슴에 새기길 바란다.

젊은 그대 잠 깨어 오라

　　한창 일을 해야 하는 시기에 집에서 놀고 있는 청년들이 늘고 있다. 특히 우려되는 점은 일자리를 알아보며 잠시 쉬는 차원이 아닌 부모님에게 의지해 삶을 영위하는 청년들이 늘고 있다는 점이다. 이런 이들을 일컬어 일명 니트(NEET)족이라고 부른다. 'Not in Education, Employment or Training'의 약어로 진학이나 취직을 하지 않으면서 직업훈련도 받지 않는 15세에서 34세 사이의 사람들이다. 이들을 사회로 끌어내려면 어떤 조치가 필요할까? 무작정 아무 일자리를 만들어 일을 하라 다그치고 계도하면 되는 것일까? 필자는 이들에게 창업의 길을 열어주는 것 역시 한 방법이라고 생각한다.

　　한 언론사의 기사를 보니 혹자는 청년들에게 창업을 권유하는 이들에게 이런 쓴소리를 내뱉기도 한다. "청년들에게 창업을 장려하는 사회는 비정상이다. 질 좋은 고용의 자리를 창출하는 것에 사회적 노력을 집중하는 것이 우선이다." 물론 틀린 말은 아니다. 질 좋은 고용의 자리를 창출해 청년들에게 안정적이고 건실한 미래를 세우게 하는 것이 최선의 방법이다. 하지만 이렇게 되기 위해선 아직 한국 사회의 갈 길이 너무도 멀다. 어떤 길로 가야 유토피아가 나오는지 알고 있지만 그 길이 몇 십 년 걸리는 길이라면, 그와 병행해 다른 길 역시 알아봐야 하지 않을까.

청년들의 창업을 반대하는 이들은 그들이 다시 좌절을 맛보며 나락으로 떨어지지 않을까란 걱정을 한다. 우리나라의 사회적 방충망이 약하기 때문에 야기된 걱정이다. 하지만 이제는 중앙 정부뿐 아니라 지자체에서도 청년들의 창업을 지원하기 위한 다양한 지원정책들이 펼쳐지고 있다. 그들의 꿈이 꺾이지 않게 하기 위한 사회적 방충망을 꽤나 촘촘히 짜나 가고 있는 것이다.

청년들 100명 중 거의 10명이 집에서 아무 일도 하지 않은 채부모에 의지하고 살아가고 있는 현 상황에서 질 좋은 고용이 완벽하게 만들어질 때까지 그들을 방치한다는 것은 그것 자체로 어른들의 직무유기다. 창업에서 살아남기 어려운 불경기라 할지라도 일단 집 밖으로 나와 세상이 돌아가는 이치를 배우며 땀 흘리며 살아가는 가치를 알게 하는 것이 그들을 방치하는 것보다 훨씬 나은 방안이라고 생각한다.

작금의 청춘들은 이전의 그 어떤 세대도 겪어보지 못한 풍랑의 시간 속을 헤매고 있다. 가장 똑똑하고, 가장 센스 있고, 가장 성실한 세대인 이 시대의 청년들은 단지 시대를 잘못 태어났다는 이유만으로 좌절하고 고통받는 사례가 허다하다. 이들에게 꿈을 주는 것은 완벽한 일자리가 아니라 세상을 배우고 그 배움을 통해 성장할 수 있는 다양한 기회가 아닌가 한다.

어떤 재래시장에 청년 창업가들이 입주해 시장 분위기가 긍정적으로 바뀌었다는 뉴스를 접한 적 있다. '젊음'이라는 에너지는 이처럼 그 어떤 곳에 있어도 그 생기를 내뿜기 마련이다. 필자는 청년들의 창업을 응원한다. 때론 실패하고 때론 성공하고 때론 울고 때론 웃으며 배우는 것이 인간이다. 방 안에서 취업 포털을 뒤져가며 자신의 적성에 맞지도 않는 일자리를 억지로 구하는 젊은 백수보다, 자신이 가진 아이디어로 직접 발로 뛰며 사람들과 부대끼는 젊은 창업가가 우리 시대엔 간절하다.

곧 식을 냄비에 왜 숟가락을 얹는가

"인생은 B와 D 사이의 C"라는 말이 있다. C는 선택(Choice), B는 출생(Birth), D는 죽음(Death)이다. 즉 인생은 태어날 때부터 죽을 때까지 선택의 연속이라는 의미다. 창업을 준비하는 사람들은 이 말이 더욱 크게 와닿을 것이다. 창업의 처음부터 끝까지 끊임없이 선택해야 한다. 특히 아이템 선택은 창업에 있어 제일 중요한 부분인데, 의외로 창업 아이템에 대한 고민을 제대로 하지 않는 이들이 많은 것 같다. 오늘은 이런 이들을 위해 창업 아이템의 중요성과 아이템 선정 방법에 대해 이야기해보려 한다.

창업 아이템은 창업의 흥망성쇠를 결정짓는 절대적 요소다. 시대의 흐름에 따라 결정되기도 하며 점포를 내는 위치 역시 아이템 선정에 영향을 미친다. 하지만 단순히 '아. 이것 괜찮겠는데?"라며 아이템 선정을 번개불에 콩 볶아먹듯이 하는 이들이 있다. 작금의 시대가 아무리 스피드 시대, 스낵컬처의 시대라고 해도 당신의 생계가 달린 일인데 그렇게 스피드를 내면 되겠는가. 앞으로의 인생을 좌우할 중요한 선택인 만큼 시간적 여유를 충분히 갖고 심사숙고하는 과정을 거쳐야 한다.

그렇다면 그 심사숙고하는 과정 속에 어떤 것을 고민해야 하느냐? 우선 내가 잘하는 것을 우선시하라는 조언을 하고 싶다. 자신이 어느 정도 알고 좋아하는 분야를 선정해야 보람을 느낄 수 있다. 자신의 적성에도 맞지 않는 아이템을 붙들고 하루를 보낸다면 그만큼 고역인 인생도 없다. 남의 떡이 더 커 보인다 느끼기 전에, 고르기 전부터 남의 떡보다 먹음직스럽고 자신이 좋아하는 떡을 골라야 한다.

냄비근성은 한국인의 버려야 할 습성 중 하나다. 요즘 같은 경우 메인 상권이 아닌 곳에서도 분기도 아닌 달 기준으로 점포 간판이 바뀐다. 일시적이고 즉흥적인 유행 아이템을 쫓다 보면 당신의 점포 간판도 수시로 바뀔 수 있다. 유행이 아닌 유망업종을 찾기 위해 노력해야 한다.

생각만 했던 것과 막상 실전에 돌입해 몸을 부딪혀 보면 모든 것이 새롭게 느껴진다. 시간적 여유가 있다면 자신이 선정한 아이템을 익힐 단기 아르바이트를 꼭 경험해 보길 바란다. 블로그 글이나 한 명의 설명만 듣고 파악하기엔 당신이 쏟아부은 돈이 너무나 아깝다. 하나라도 더 배운 다음 창업한다는 마음을 가지고 발품을 팔아 아이템에 정통해지도록 해야 한다.

마지막은 예비 창업자들이 의지를 가지고 대항해도 좀체 잘 되지 않는 부분이다. 바로 광고에 현혹되지 말라는 이야기다. 광고는 말 그대로 광고다. 그 광고 속에는 과장된 정보가 들어갈 수 있고 우리의 눈과 귀를 멀게 할 달콤한 말들이 숨겨져 있을 수 있다. 단순히 공중파 텔레비전이나 유망한 신문에 광고가 나왔다고 해서 그것을 덜컥 믿으면 안 된다. 자신이 할 수 있는 최대한의 정보력을 발휘해 매스컴이 알려주지 않은 그 아이템의 장단점을 확실히 파악해야 한다.

어디에나 고충은 있다

외식업계에 배달료 논란이 일어났다. 치킨 업계 일각에서 인건비 상승 등을 이유로 배달 주문에 '배달료'를 받는다고 선포하니, 소비자들이 강력하게 반발하고 나서는 모양새다. 소비자들은 배달료를 명목으로 메뉴 값 인상을 하는 것이라며 의심의 눈초리를 거두지 못하고 있다. 불경기에 더해진 배달료 논란은 쉬이 끝나지 않을 모양새다. 판매하는 쪽과 구매하는 쪽 입장이 첨예한 가운데 테이크아웃 업계는 난데없이 반사이익을 얻게 됐다.

한 언론 기사를 보니 시장조사기업 엠브레인 트렌드모니터가 배달 음식 이용 경험이 있는 15~59세 남녀 1천 명을 대상으로 설문 조사한 결과를 발표했다. 응답자 65%가 "배달료를 따로 내면서까지 배달 음식을 먹고 싶지 않다"라고 답했다. 응답자의

79.9%는 "어떤 이유든 배달료는 왠지 지불하기가 아깝다는 생각이 먼저 든다"라고 답했고, 65.2%는 "배달료는 원래 음식값에 포함돼 있어야 하는 금액"이라고 말했다. 배달문화가 한국만큼 시스템적으로 잘 구축된 나라도 없다. 24시간, 휴일 없이, 어디서라도 배달해 먹을 수 있는 나라는 정말 흔치 않다. 이런 문화를 오랫동안 즐기니 당연히 문화적 관습이 생길 수밖에 없다. 생각에도 버릇이 들고 생각에 든 버릇은 행동으로 나타나기 마련이다. 음식점에서 배달을 시키면 당연히 메뉴 값만 지출하면 되는 관습에 갑자기 제동이 걸리니 소비자들은 혼란스러울 수밖에 없는 것이다.

하지만 업체 쪽에서도 그들 나름의 사정이 있다. 특히 요즘 같은 불경기에 값싼 가성비 좋은 음식을 파는 업체들은 배달료를 받는 것이 필요악이기 때문이다. 예를 들어 중저가 프랜차이즈 업체에서 15,000원짜리 피자 한 판을 판다고 했을 때 원가가 절반을 차지한다. 그렇다면 7,500원에서 이제 임대료와 인건비를 제외해야 하는데 천 원씩만 계산해도 이제 5,500원이 남는다. 거기에 배달업체에 용역을 맡기면 3,000원이 날아가니, 결국 15,000원 피자 한판 팔아서 2,500원이 안 되는 돈을 수익으로 가져간다는 이야기다. 최저임금이 인상되고 임대료가 올라간 현상황에서 배달료까지 업체가 부담하게 되면 장사를 하는 의미가 없어져 버린다.

배달료 논란은 누가 잘못했고 잘했는가의 문제가 아니다. 서로의 입장에 일리가 있고, 또 서로 서운할만 하다. 경기가 살아나 기적적인 타협점을 찾으면 좋겠지만 그럴 경우는 희박하다. 결국 이 배달료 논란은 지리하게 이어져 갈 것이고 그럴 경우 소비자들의 지갑은 열리지 않게 되고, 업체는 매출이 줄어들 것이다. 결국 불경기의 악순환이 계속 될 것이다.

이런 악순환의 가운데 테이크아웃 시장은 호재를 맞이 할 공산이 크다. 배달료에 대한 거부감을 직접 사다가 먹는 테이크아웃으로 해결하려는 소비자들이 점차 늘 것이기 때문이다. 이런 소비자들의 움직임을 읽었는지, 테이크아웃을 시행하지 않았던 외식업체에서 본격적으로 테이크아웃을 시행하는 경우가 더러 있다. 포장 용기와 방법에 공을 들이면서 배달 손님들을 테이크 아웃으로 유도하려는 노력을 기울이고 있는 것이다.

배달료를 따로 받는 것이 가격 인상과 같다는 소비자들의 인식은 틀린 것이 없다고 본다. 하지만 아버님, 하느님보다 높으신 건물주님의 임대료 상승을 막을 도리가 없는 업체들의 하소연에도 조금은 귀를 기울이는 것이 어떨까 싶다. 아쉽고

속상한 마음 잠시 접어두고 서로를 이해해 보려는 움직임, 그것만으로도 세상의 온도가 조금은 더 높아지지 않을까 기대해본다.

직영점을 보며 청사진을 그려라

프랜차이즈 외식 창업을 하는 이유는 무엇인가? 사람들을 만족시킬 음식 스킬이 전무해도 상관없고, 재료 선정과 메뉴 선정에 대한 고민 없이 점포를 운영할 수 있고, 대형 마케팅을 대신해줄 수 있다는 장점들 때문일 것이다. 하지만 이런 장점에도 불구하고 프랜차이즈 식당 폐업률이 역대 최고 수준까지 치솟았다. 일각에서는 이를 프랜차이즈 본부에 책임을 전가시키던데, 필자는 생각이 조금 다르다. 창업자의 현명한 선택에 대한 지적 다음에 본사를 운운하는 것이 맞다고 생각 한다.

공정거래 위원회 가맹사업거래 통계에 따르면 2015년 프랜차이즈 평균 폐점률은 12.0%로 전년 10.9%보다 1.1%포인트 상승했다. 이 시기 폐점한 프랜차이즈 식당 수는 1만 3,241개로

2014년 1만 1,158개보다 18.7% 증가했다. 프랜차이즈 식당의 폐업의 이유는 다양하다. 불경기도 하나의 원인이 될 수 있고 프랜차이즈 본사의 능력 부족도 원인이 될 수 있다. 물론 가맹점주의 방만한 운영 역시 원인으로 작용할 수 있다. 하지만 만약 이 수많은 원인 중 창업자가 창업을 하기 전에 유심히 체크 체크하면 폐업의 길로 들어서지 않았을 원인이 있다. 바로 프랜차이즈 본사의 능력 부족이다.

물론 프랜차이즈 본사들은 에비 창업자들에게 자신들의 좋은 점만을 어필하며 부족한 점을 교묘히 숨기기 마련이다. 하지만 예비 창업자들은 이것 하나만 체크 하면 프랜차이즈 본사를 선택함에 있어 유리한 고지를 점할 수 있다 바로 직영점을 운영하는가 하는 점이다.

2018년 현재, 가맹점을 1,000개 이상 보유한 프랜차이즈 상당수가 직영점을 운영하지 않는 것으로 드러났다. 창업컨설팅기업 굿피플창업컨설팅이 공정거래위원회에 등록된 가맹점 1,000개 이상 주요 프랜차이즈의 직영점 운영현황을 분석한 결과 10개 중 4개는 직영점을 운영하지 않는 것으로 나타났다. 일본 등 선진국에서는 직영점을 운영하지 않는 기업은 프랜차이즈 사업을 할 수 없도록 하고 있다. 하지만 국내에는 이 같은 규제가 없어 직영점 없는 프랜차이즈가 무분별하게 확산된 것이다. 프랜차이즈 본사는 직영점 운영을 통해 다양한 시행착오를 겪어야 한다. 그 시행착오를 통해 본사는 잘 된 사례를 가맹점에 적용하며 사업을 도와야 하는 것이다.

가맹점을 1,000개 이상 보유하고 있는 프랜차이즈 본사 중 직영점이 없는 본사가 40%가 된다면 프랜차이즈 업계 전체적으로 봤을 때는 프랜차이즈 가맹본부의 60% 정도가 직영점을 갖고 있지 않은 것으로 봐도 무방하다. 직영점이 없으니 말 그대로 가상의 브랜드를 만들어 파는 형태이고, 이는 결국 가맹점의 성패에 관여하지 않겠다는 뜻과 마찬가지다. 프랜차이즈를 선택해서 망하지 않으려는 분들이 있다면, 직영점을 충실히 운영하고 있는 프랜차이즈 본사를 찾는 것만으로도 성공의 길에 훨씬 더 다다른 것이라 할 수 있다.

창업이란 긴 여정을 떠나는 당신에게

Chapter 4

아직도 끝나지 않은
창업의 길

Chapter 4 /

아직도 끝나지
않은 창업의 길

위기의 주부들? 창업하는 주부들!

주부들이 집을 벗어나고 있다. 은퇴 연령이 빨라지고, 취업난이 계속되는 이 불경기에 남편과 아들을 대신해 가계살림을 책임지는 여성들이 늘고 있는 것이다. 이에 많은 주부들이 경력단절 여성들이 일을 할 수 있는 곳을 알아보거나 마트나 편의점 파트타임 근무를 원하고 있다. 가정과 일을 양립해야 하니 직장에 긴 시간 할애할 수 없기에 내리는 결정이다. 물론 그중에는 본격적인 돈벌이를 위해 창업의 길로 들어서는 여성들도 적지 않다. 창업 아이템을 잘만 선택하면 일과 가정 모두를 행복하게 만들 수 있기 때문이다. 물론, 신중하게 잘 선택해야 한다는 전제가 반드시 깔려야 한다.

지난 2015년 한국보건사회연구원이 발표한 자료에 따르면 실제로 우리나라 여성의 대학 진학률은 남학생 대비 4% 포인트 높은 48.8%를 기록했다. 여성들의 고학력자 비중이 점차 높아지고 있다는 이야기다. 뿐만 아니라 국세청 통계에 따르면 신규 사업자 가운데 여성이 차지하는 비율은 2008년 $43.2에서 지속적으로 증가해 지난해 44.8%까지 늘었다. 여성이 대표를 맡고 있는 사업체 또한 2013년 133만 5,591곳으로 전체의 39%에 달했다. 대한민국에서 사업을 하고 있는 대표 10명 가운데 4명은 여성이며 그 비율이 갈수록 높아지고 있다.

높아지는 여성들의 사회 참여율과 사업 현황과는 달리 사업을 하는 주부들을 보조하는 정책이나 현실은 전혀 녹록하지 않다. 중소기업청의 2015년 여성기업 실태조사 결과, '일과 가정 양립에 부담을 느낀다' 가 44.2%, '남성 중심의 비즈니스 관행에 적응하기 어렵다' 가 39.5%, '여성을 대하는 부정적 선입견이 있다' 는 25.2%로 나타났다.

특히 최저임금위원회가 내년도 최저임금을 올해의 7,530원에서 10.9%p 인상한 8,350원으로 확정함에 따라 인력을 두고 사업하기는 더욱 힘들어진 상태다. 최저임금이 2년 연속 두 자릿수로 인상되면서 아르바이트 인력 의존도가 높은 편의점의 매력이 급감했다. 그나마 여성 참여율이 높은 사업이었던 편의점에서 인력을 쓰기 힘들어지다 보니 여성 창업자들은 창업 아이템 때문에 고민이 많을 수밖에 없다.

그렇다면 주부 창업자들은 이 총체적 난국 속에서 어떤 창업 아이템을 선택해야 하는 것일까? 필자는 최소한의 금액과 인력으로 운영이 가능한 소자본창업을 추천한다. 우선 혼자서도 매장 운영이 가능해야 한다. 육아와 병행을 해야 하는 주부들이 많다 보니 번거롭거나 전문적인 업무는 주의를 분산시킬 위험이 크다. 그리고 투자할 돈이 많지 않아야 한다. 말 그대로 집 안 기둥뿌리 뽑은 돈으로 사업을 하는 주부들은 없다. 힘들게 모은 여윳돈 혹은 누군가에게 어렵게 부탁해 얻은 돈으로 시작하는 주부들이 많기에 초기 부담금이 많은 아이템은 안 된다. 마지막으로 라이프스타일을 변형시키지 않는 아이템을 찾아야 한다. 가령 밤낮이 바뀌는 생활을 해야 한다든지, 주말에 대목을 맞는 일 등은 주부들의 라이프스타일과는 맞지 않는다. 남들 출근하는 시간에 문을 열고 퇴근하는 시간에 문을 닫는 사이클의 창업 아이템을 찾는 것을 추천한다.

역시 "트위터는 인생의 낭비다"

'트위터는 인생의 낭비다' 라는 말이 인터넷에 공공연히 퍼져있다. 글자 몇 자 쓰는 데에 시간이 얼마나 걸린다고 낭비라는 말까지 하냐 반문하는 이도 있을 테다. 하지만 해선 안 될 말, 해서 손해인 말, 참아야 할 말 등이 트위터를 비롯한 소셜네트워크 상에 공공연하게 퍼지면서 각종 사건, 사고가 일어나기 때문에 인생의 낭비라는 말까지 생겨났다. 그리고 며칠 전 이 말을 더욱 공고히 할 만한 사건이 또 일어났다.

폭염이 한창이던 지난 1일, 분식 프랜차이즈 청년다방이 난데없이 몰카의 주범이 돼버렸다. 청년다방 서울의 매장 화장실에 몰래카메라가 설치돼 있다는 주장이 트위터에서 확산된 것이다. 해당 글을 최초로 올린 아무개씨는 "○○동 청년다방 화장실에 동서남북으로 몰카 있다. 나올 때쯤 알아차렸다. 떡볶이는 먹어도 거기서 똥은 싸지 마라. 문 주변과 변기 뒤쪽에 구멍이 뚫려 있었다"는 글을 게시했다. 이 글은 실시간으로 리트윗 되면서 네티즌들 사이로 빠르게 퍼져나갔다.

상황이 이쯤 되니 청년다방은 삽시간에 매장 화장실에 몰카를 설치해 여성들을 훔쳐보는 파렴치한 브랜드로 낙인찍힐 위기에 처했다. 해당 점주는 말할 것도 없다. 이에 청년다방 본사는 즉시 해당 매장에 직원을 급파해 화장실 점검에 나섰지만 몰래카메라는 발견되지 않았다. 청년다방 본사 트위터 계정은 "매장을 직접 방문해서 확인했지만 카메라가 발견되지 않았다"며 A 씨에게 진실을 요구했고, A 씨는 청년다방 측에 얼버부리며 "고소하면 여혐 기업으로 낙인찍힐 수도 있다"고 협박을 가했다.

결국 해당 트위터리안은 청년다방 본사의 끈질긴 진실 요구에 명확한 해명을 하지 않은 채 멘션을 지웠지만 청년다방 해당 점주는 그 트위터리안을 상대로 고소를 진행 중이고 본사 역시 점주를 위해 법적 지원을 해 줄 것이라 선언했다. 본사는 언론을 통해 "성실하고 정직한 청년다방 점주를 향해 이뤄진 테러를 묵과할 수 없고, 앞으로도 이런 사건이 발생 시 더욱 강력하게 대처할 것"이라고 전했다.

이번 사건은 확인되지 않은 말 한마디의 파장이 어떻게 변질되며 퍼져나가는지 확실하게 보여주는 사례다. 혼자만의 심증을 진실이라고 확신해 쓴 글이 자신이 어찌할 수도 없을 지경에까지 이르러 결국 자신을 망가트리는 시초가 되는 것이다.

우물에 돌은 던질 수 있다. 하지만 자신이 던지는 방향에 개구리가 없는지 보고 던져야 하는 것이 최소한의 예의다. 글을 쓰기 전 최소한의 확인 절차라도 거쳤다며 지금과 같은 사태는 일어나지 않았을 것이다. 이른바 '관심받고 싶은 욕구'가 한 프랜차이즈 브랜드를 죽일 뻔했고, 또 점주를 곤란에 빠트릴 뻔했다. 지금처럼 여혐, 미투 운동, 몰카 등이 사회적 이슈로 떠오르고 있을 때 상대가 무심코 던진 돌에 선량한 개구리가 맞아 죽을 수 있다는 사실을 우리 모두 알아야 한다. 우리 모두 그 개구리의 처지가 될 수 있다는 사실 역시도 말이다.

청년들 피고름 먹은 당신,
배 부르십니까?

창업자들이 해마다 늘고 있고, 그 중 대학생들의 창업 열기가 뜨거워지고 있다. 국세청이 올해 12월 예정된 국세통계연보 발간 전에 국세통계 79개 항목을 지난 7월 19일에 조기 공개한 바 있다. 이에 따르면 지난해 신규 창업자는 128만 5,000명으로 2016년의 122만 7,000명에 비해 4.7% 증가했다. 이런 창업자 증가세에 한몫한 것이 바로 대학생들이다.

교육부와 한국대학교육협의회가 발표한 '2018년 6월 대학정보공시 결과'에 따르면 지난해 학생 창업기업 수는 1천154개로 전년 대비 24.9% 증가했다. 이에 많은 대학교에서는 학생들의 창업 지원을 위해 창업 전담 인력을 늘렸고, 창업 지원금 역시 증가시켰다고 언론 보도를 내놨다. 어린 나이지만 자신의 꿈을 위해 열정을 다하고. 그것을 지원해 준다는 데에는 적극 찬성하지만 그럼에도 불구하고 찜찜함이 남는다. 이 찜찜함은 일부 대학에서 이를 악용해 자기 배만 불리고 있다는 뉴스를 접한 후부터 느껴지기 시작했다.

　대학생 창업의 증가는 취업난이 원인이다. 사상 최악의 청년실업률 속에 취업 대신 창업을 택하는 이들이 늘고 있다. 통계청의 5월 고용동향에 따르면 청년실업률은 10.5%에 달했고, 체감실업률은 23.3%로 집계돼 통계 작성 이후 최고치를 기록했다. 청년들의 불안한 심리가 창업 열기로 이어지고 있는 것인데, 일부 대학에서 예산 확보에만 나설 뿐 정작 내실 있는 결과로 이어지게 하는 데는 소홀한 것으로 나타났다. 서울의 한 언론사가 교육부의 대학 알리미를 통해 대학 창업 지원 예산을 분석한 결과, 정부로부터 대학 창업 지원금을 받는 대학 중 창업 지원을 전담하는 교원이 아예 없거나 1명뿐인 대학은 195개 중 55개교였다. 이 수치가 의미하는 바는 지원 대학 상당수가 대학 창업교육이라는 명목하에 상당한 지원금을 받고도 창업 전문 인력 없이 예산을 운용 중이라는 이야기다. 정부 지원금 외 자체 예산을 일절 투입하지 않은 대학도 6곳 중 한곳으로 드러났다고 언론사는 전했다.

지금의 젊은이들은 많은 것을 포기해야 하는 세대다. 연애도, 결혼도, 육아도 포기하며 살아가는 이들이 많다. 특히 그 어느 시기보다 취업이 힘들어진 시대에 어렵게 창업을 결심한 이들을 이용해 자기 배만 불리는 이들이 존재한다는 것은 정말 가슴 아픈 일이 아닐 수 없다. 그들을 위해 무엇인가 하나라도 더 해 주고픈 마음이 들어야 하는 것이 진정한 어른이 자세가 아닌가 생각한다. 학생을 돈벌이의 도구로 생각지 말고 그들의 미래를 위해 어떤 교육과 지원이 필요한 지 연구하는 것이 대학교의 진정한 설립 목적이 아닌가 한다.

따라쟁이들의 천국에 아름다운
결말은 없다

이른바 짝퉁 시장의 점유율은 세계적으로 중국이 많은 부분 차지하고 있다. 하지만 한국도 중국의 그늘에 가려져 있을 뿐 짝퉁 세계에서 둘째가라면 서럽다. 특히 요즘은 대한민국에서 상품뿐 아니라 프랜차이즈 브랜드에서 '미투 브랜드'들이 우후죽순 생겨나며 원조 논쟁이 끊이지 않고 발생하고 있다.

'미투 브랜드'란 사전적 의미로 시장에서 가장 인기를 끌고 있는 브랜드를 모방하는 브랜드를 말한다. 말이 모방이지 베낀 브랜드다. '미투 브랜드'는 남이 차려놓은 밥상에 슬그머니 숟가락을 얹어놓는 것이자 제품 개발은 하지도 않은 채 인기 브랜드의 메뉴와 인테리어를 그대로 본떠 만들어 소비자들을 기만하는 비윤리적인 상술이다.

그간 프랜차이즈 업계에서 미투 브랜드로 인해 피해를 본 프랜차이즈 브랜드들이 한 둘이 아니다. 봉구비어가 스몰비어의 인기와 함께 상종가를 치고 있을 때 봉구비어의 콘셉트를 표방한 미투 브랜드들이 한때 스몰비어 시장을 난장판 만들어 놨었던 전례가 있고, 저가 커피전문점 빽다방과 저가 과일주스 전문점 쥬씨가 1년여 만에 500개 이상 점포를 내자 불과 3~4개월 만에 포장 판매 중심의 음료 브랜드가 우후죽순 생겨나기도 했었다.

요즘도 마찬가지다. 차돌박이 전문점 '이차돌'은 가맹사업 11개월 만에 가맹점 78개를 확정 지었다. 요즘 같은 불경기에 놀라운 속도가 아닐 수 없다. 이러한 이차돌의 열풍에 몰래 편승해 이익을 노리고자 하는 브랜드가 생겨났다. 상호도 비슷하고 인테리어도 비슷해 고객들은 어디가 원조인지, 두 브랜드가 같은 계열의 브랜드인지 헷갈려 하고 있다. 미투 브랜드는 이렇듯 고객들을 헷갈리게 만들어 원조 브랜드가 쌓아놓은 브랜드 이미지와 인지도를 자신의 이익을 위해 뺏어 쓰고 있다.

이렇게 미투 브랜드가 많아지면 창업시장에는 새로운 브랜드들이 생겨나지 않게 된다. 과감한 아이디어와 진취적인 열정으로 무장한 신규 브랜드가 나오지 않게 되면 창업 시장 전반적으로 침체에 빠질 수 있다. 실제로 2000년대 중반까지만 해도 창업 시장에 신선한 충격을 불러온 브랜드가 많았지만 최근 들어서는 변화의 움직임을 찾아보기가 어려운 실정이다. 자신의 아이디어를 일말의 양심의 가책도 없이 베껴다 슬 수 있는 위험부담을 지기 싫은 이유에서 일 것이다. 이렇게 미투 브랜드로 인해 창업 생태계가 황폐해지자 정부도 지난 5월부터 프랜차이즈 가맹사업의 산업재산권 보호를 위해 지원책을 마련하고 나섰다. 도가 지나친 베끼기 관행으로 인한 피해를 막겠다는 것인데, 얼마나 제대로 실효성이 있을지는 두고 봐야 할 것 같다.

한 브랜드를 만들기 위해선 브랜드명과 콘셉트, 메뉴 선정, 레시피 개발, 매장 서비스 계획 등 많은 아이디어와 실행 인력이 필요하다. 이를 위해 지새야 하는 밤의 수는 과연 몇 개일까? 이를 단순한 벤치마킹이라 주장하며 양심의 가책도 없이 가맹사업을 펼치는 이들이 하루빨리 없어져야 대한민국에 건강한 창업 생태계가 조성될 것이다.

공감 얻지 못한 저작권법
개정에 우왕좌왕

　　카페는 학생과 주부, 은퇴자 등 예비
창업자 대다수가 관심 있어 하는 창업 아이템이다. 깔끔하게 일
할 수 있고, 누구에게 보여주기 좋은 직함이며, 운영도 다른 창
업 아이템과 비교해 수월하다. 하지만 아이러니하게도 그렇기에
망할 확률이 높다. 이런 요건들로 인해 이미 카페를 창업한 이
들이 너무도 많으며 이들 중 살아남는 이들이 몇 없다. 그래서
예비 창업자들은 선뜻 카페 창업하기를 주저하는데, 요즘 그 주
저함에 무게를 더 얹는 일이 생겼다.

　저작권법 시행령 개정안이 23일, 그러니까 오늘부터 적용됨에
따라 카페나 헬스장 등에도 저작권료가 부과된다. 말인즉슨 카
페에서 음악을 틀어놓는 것에 대한 저작권료를 월 단위로 지불해
야 한다는 이야기다. 한 달에 고정적으로 지출해야 하는 돈이 늘

어난다는 것, 자영업자 입장에서 결코 반갑지 않은 일이다.

 이전에는 대형마트, 유흥주점, 경마장 등 면적이 크거나 영업에 있어 음악의 비중이 큰 업종을 대상으로만 저작권료를 지불하게 했다. 하지만 법이 개정되면서 50m² 이상의 면적을 가진 자영업소에도 저작권료가 부가된다. 만일 정식 서비스에 등록하지 않은 채 음원을 재생한 것이 확인되면 저작권료를 소급해 금액이 청구된다.

 이번 저작권법 시행령 개정안으로 인해 월마다 돈을 지불해야하는 자영업자들은 저작권법 시행령이 이중과세가 아니냐고 반발하고 있는 상황이다. 스트리밍 사이트에서 정기적으로 결제해서 노래를 트는데 돈을 또 내야 한다니 쉽게 이해가 가지 않는다는 반응을 보이고 있다. 문화체육관광부에서는 음원 사이트에서 음악을 구입하는 것은 개인 청취를 전제로 한 저작권료를 포함할 뿐 매장에서 이를 재생할 수 있는 권리인 공연권은 포함돼 있지 않고 설명해 그들의 반발을 일축했다.

 기류가 이렇게 흘러가다 보니 자영업을 계획하고 있던 예비창업자들 사이에서 변화가 감지되고 있다. 저작권법 시행령 개정안과는 상관없는 업종으로 이동하거나 본사에서 저작권법 시행령을 해결해주는 프랜차이즈를 알아보는 이들이 늘고 있는 것이다. 실제로 유수의 프랜차이즈 커피 전문점에서는 매장 전용 음원사이트와의 계약 체결을 통해 전국 가맹점에 합법적인 음악 재생을 보장하고 있다.

음악저작권협회 관계자는 미디어 인터뷰를 통해 "벌써부터 납부 대상인 자영업자들로부터 항의 전화가 계속 걸려오고 있다"며 "반발은 당연히 예상한 부분이다. 징수가 제대로 이뤄질 때까지 어려움이 있겠지만 저작권료는 창작자들의 당연한 권리인 만큼 존중해줘야 한다"라고 말했다.

하지만 존중을 바라기 이전에 사람들에게 저작권법에 대한 올바른 인식을 심어주고 이해시켜주는 것이 먼저가 아니었나 하는 아쉬움이 크다. 비단 한 달에 내는 돈이 얼마 되지 않다손 치더라도 요즘 같은 불경기에 한 푼이 아쉬운 것은 누구나 마찬가지다. 아직 인식 개선이 되지 않은 상태에서 징수가 시작된다고 하니 반발은 당연하거니와 앞으로도 긴 진통이 예산되는 것이다. 일의 순서가 중요하다는 것을 다시금 깨닫게 하는 상황이 아닌가 한다.

'골목식당'에서 배우는 식당 주인의
마음가짐

　요식업을 하고 있는 이들이나 할 계획이 있는 이들이 요즘 관심 있게 지켜볼 만한 프로그램이 있다. 백종원씨가 메인으로 나와 죽어가는 골목상권을 살리는 내용을 담고 있는 '골목식당'이 그것이다. 낙후되고 사람들의 발길이 뜸한 골목 안에 위치한 식당들을 선정해 문제점을 파악하고 그것에 맞는 솔루션을 제공해 회생의 기회를 준다는 취지의 '골목식당'은 현재 대한민국 식당의 현주소를 적나라하게 보여주며 시청자들의 탄식을 자아내고 있다.

　'골목식당'이 방영되면 그 이튿날 온라인은 방송을 본 시청자들의 한숨과 질책으로 도배가 된다. 그도 그럴 것이 '골목식당'에 등장한 식당 주인들이 기가 막힐 정도로 한심한 마음가짐과 불량한 위생상태를 보여주며 시청자들의 분노를 이끌어

내기 때문이다. 혹자는 "짜고 치는 것 아니야? 설마 저 정도겠어?"라는 반응을 보이기도 한다. 외식업에 오랫동안 몸담고 있는 필자의 경험과 식견에 비추어 더했으면 더했지 덜하지는 않을 것이다. 그만큼 식당을 운영하는 이들 중 식당을 운영해선 안 되는 이들이 많은 것이 작금의 대한민국 현실이다.

한국 사람들은 식당 운영을 만만하고 우습게 보는 경향이 있다. 식당에 가서 밥을 먹더라도 "내가 해도 저것보단 낫겠네"라는 말을 입에 달고 사는 이가 있는 가하면 "이도 저도 안되면 그냥 작은 식당이나 하나 차려서 먹고 살아야겠다"라고 말하는 이들도 있다. 이런 이들에게 간단한 테스트 하나를 제안한다. 집에서 라면을 5분 안에 4개를 끓여내는데, 그 시간 안에 반찬 플레이팅과 라면의 균일한 맛을 유지할 수 있겠는가? 이것도 능히 해낼 수 없는 이라면 식당 운영은 꿈도 꾸지 말아야 한다.

백종원씨도 나의 마음과 같은 모양이다. 백 대표는 언론 인터뷰에서 "골목식당은 우리나라 대부분 식당의 현실"이라며 "이렇게 운영할 것이라면 식당을 하지 말라는 것을 보여주고 싶었다"고 밝혔다. 식당 운영하는 것을 우습게 여기고 가벼운 마음으로 덤비는 사람들이 많은데, 결국 가장 손해 보고 상처받는 이는 식당 주인이다. 차별화된 맛을 찾는 노력, 철저한 위생 점검, 균일한 맛의 유지, 친절한 서비스 등을 제대로 할 수 있을 때까지 연습하고 또 연습한 후 그제서야 식당을 운영할 기본 자격이 생기는 것이라 생각한다. 수중에 돈이 있다고, 대박 난 아이템을 따라 하고 싶어서라는 허튼 동기만으로 식당을 한다면 '골목식당'에 출연한 일부 등장인물들의 모습과 다를 바 없어질 것이다.

'골목식당'을 보니 백 대표의 솔루션을 거부하는 이들도 있는 모양이던데, 자신의 잘못된 점을 인지하고 고쳐나가는 것도 식당 주인이 가져야 할 미덕 중 하나다. 항상 겸손하게 배운다는 자세로 임해야 롱런하는 식당의 주인이 될 수 있다. 특히나 소비자들의 입맛과 눈높이가 한껏 높아진 요즘 시대에는 그런 겸손한 자세만으로도 다른 식당과 차별화 되어 특별한 식당이 될 수 있다.

'뉴어덜트족', 그들은 누구인가?

'뉴 어덜트(New Adult)족'이라 일컬어지는 3040 세대가 소비의 주체로 나서면서 이들을 붙잡기 위한 외식업체의 경쟁이 치열해지고 있다. 뉴어덜트 족은 결혼해도 각자 일을 하면서 안정된 수입을 올리며 가치 있는 삶을 위해 기꺼이 소비하는 세대를 뜻한다. 과거 X세대, Y세대로 불렸던 3040 세대가 이 부류에 속하며 이들은 최근 우리나라 경제활동의 중심 세력으로 부상하고 있다. 예비창업자들은 이들을 타깃으로 한 창업 아이템을 유심히 지켜볼 필요가 있다.

2018년의 3040 세대는 3차 베이비붐 세대에 해당하는 이들이다. 통계 학계에서 추정하는 우리나라 3차 베이비붐 세대는 1979~1985년생까지다. 과거 X세대, Y세대로 불렸던 3차 베이비붐 세대는 최근 우리나라 경제활동의 중심세력으로 부상하고 있다. 5060 세대들이 스스로 부를 일궈냈다면 '어덜트족'은 부모 세대로부터 재산을 상속받은 경우가 많다. 이에 관심사 역시 건강, 재산증식, 취미/레저, 노후와 같이 삶의 질적인 사항에 집중 돼 있다. 이들이 소비하는 패턴 역시 '프리미엄', '얼리어답터' 등의 수식어가 붙는다. 고비용과 고효율을 원하는 소비패턴이 주를 이루는데, 이들은 자신의 가치에 부합한다면 지갑을 여는데 거리낌이 없다. 창업을 생각한다면 이들의 지갑을 열 창업 아이템이 낫지 않겠는가?

그렇다면 뉴어덜트 족을 겨냥한 창업 아이템에는 어떤 것들이 있을까? 우선 프리미엄 이자카야 브랜드 '청담이상'의 예를 들어보겠다. 청담이상은 프라이버시를 지킬 수 있는 내부 인테리어와 오직 청담이상에서만 맛볼 수 있는 고급 사케가 존재한다. 청담이상의 내부는 룸 형식으로 이루어져 있는데 고객들 간 프라이버시를 침해할 일 없이 개별 공간을 확보해 편안하고 차분한 분위기에서 시간을 즐길 수 있다. 오직 '당신'만을 위해 준비한 듯한 느낌을 내게 해 주는 것, 그것이 뉴어덜트족을 공략하는 창업 아이템 선택법이다. 한국에선 흔히 볼 수 없는 희귀한 볼거리 역시 어덜트족을 자극할 수 있다. 강남구 양재에 위치한 '크롬바커 하우스'는 정통 독일식 펍을 지향하는 희귀 플레이스다. 스테인드 글라스로 꾸민 실내 중앙과 오픈 비어 키친, 독일식 안주 등은 이국적인 맛과 멋을 선호하는 3040세대들에게 주효하게 작용하고 있다. 특히 독일 내 판매 1위를 수년째 지키고 있는 크롬바커를 제대로 즐길 수 있다는 점에서 뉴어덜트족을 제대로 공략하고 있다.

피규어나 조립장난감의 시장이 커지면서 고가의 피규어 숍 역시 뉴어덜트 족을 겨냥한 창업 아이템이라 할 수 있다. 마블 캐릭터들의 인기와 일본 애니메이션 캐릭터들의 지속적인 인기로 인해 피규어 시장이 날로 커가는 가운데, 고가의 취미를 즐기는 뉴어덜트족에게 고급 피규어만큼 소장 가치를 자극하는 아이템도 없다. 일본까지 직접 가서 피규어 쇼핑을 하는 이들이 늘고 있다는 것은 충분히 한국 시장에서도 통할 창업 아이템이란 방증이다.

불경기에도 돈을 쓰는 사람은 여전히 쓴다. 자신과 가족을 위한 투자에는 큰돈을 아끼지 않는 뉴어덜트족은 요즘 같은 불경기 대한민국에 최대 공략 포인트다. 준비돼 있는 예비 창업자라면 뉴어덜트족을 겨냥해 창업을 과감히 시행해도 좋을 것이다.

'배달의 왕국',
우리는 폭군을 원치 않는다

외국인들이 한국에 여행을 오면 놀라운 포인트가 몇 있는데, 배달문화 역시 그 포인트 중 하나다. 언제, 어디서든 배달해 먹을 수 있음에 외국인들은 놀라곤 하는데 그들이 최근 한국에 놀러 왔으면 더 놀라운 일이 기다리고 있었을 것이다. 짜장면, 피자, 치킨 등으로만 한정해 배달해 먹었던 배달 문화가 완전히 뒤바뀌어졌으니 말이다.

배달의 민족, 배달통, 요기요 등 배달 전문 앱이 대한민국 외식 문화의 트렌드를 이끌어 가고 있다. '배달 음식=짜장면, 족발, 피자, 치킨'이라는 공식이 깨지고 이제는 회를 비롯해 곱창, 부대찌개, 빵까지 배달해 먹을 수 있게 됐다. 심지어 커피는 물론 한식뷔페 메뉴까지 배달해 먹을 수 있다고 하니 시대가 정말 달라짐을 느낀다. 한국소비자단체협의회 등에 따르면 지난해

'배달의민족', '요기요', '배달통' 등 3대 배달 앱을 통한 주문 액은 약 5조 원에 달한다고 한다. 2013년에 비해 10배 이상 시장 규모가 커진 것이다. 특히 배달 앱 시장에서 절반 이상의 점유율을 확보한 배달의민족은 지난해 매출이 전년 848억 원보다 두 배 늘어난 1,625억원을 기록했다고 한다. 영업이익은 216억 원으로 전년 24억 원보다 약 9배 증가했다. 이처럼 배달문화의 급격한 확산은 외식업계에 새로운 화두를 던지고 있다. 소비자가 원하는 채널에서 원하는 방식으로 소비할 수 있도록 해주는 것이 중요해진 것이다. 특히 모바일을 사용해 배달을 주문하는 이들이 대다수이기 때문에 외식업체들은 이들과의 접점을 맞추기 위한 마케팅과 영업 계획이 필요해졌다.

창업 형태 역시 많은 부분 변화가 있을 것으로 예측된다. 배달만을 전문적으로 하는 업체가 늘어날 것으로 예상되고, 무점포, 소규모 창업은 앞으로 더욱 득세할 전망이다. 프랜차이즈 시장에서는 배달 서비스를 수익 개선의 방편으로 삼을 수 있기 때문에 가맹점주들의 매출 향상에 도움을 줄 수 있다.

하지만 이런 배달의 영역 확장을 반기지 않는 목소리도 심심 찮게 들려온다. 배달 앱 이용에 따른 수수료가 오히려 프랜차이즈 가맹점주들의 수익에 악영향을 가져온다는 것이다. 한 언론에 따르면 실제 점주들 사이에서는 배달 앱 이용자 수가 늘어나는 상황에서 '울며 겨자 먹기' 식으로 배달 앱을 사용하는 경우도 적지 않다고 보도했다. 특히 본사가 있는 대형 프랜차이즈 가맹점이 아닌 소상공인의 경우 협상력이 없어 더 많은 중계 수수료를 지불한다는 비판도 나오는 상황이다.

소비자들의 불만도 여기저기서 터져 나오고 있다. 예전에는 없었던 배달 요금을 따로 책정하는 것이 트렌드가 되어 가다 보니 값을 더 주고 배달을 시켜 먹는 느낌을 받기 때문이다. 특히 배달료에 대한 정책이나 기준이 아직은 전무하기 때문에 과도한 배달료를 요구하는 업체들도 적지 않아 소비자와 업주 간 마찰이 종종 생기곤 한다.

한국이 배달의 왕국이고 배달 서비스가 어디로까지 확산될지 알 수 없다. 하지만 이미 배달은 트렌드가 됐고 외식업체는 그 트렌드에 뒤처지지 않으려 애를 쓰고 있다. 모두가 만족하는 서비스는 있을 수 없다. 하지만 다수가 만족하는 서비스가 되기 위한 노력은 반드시 필요하다. 가맹점주들의 중개 수수료 문제, 소비자 배달료 문제 등은 사회 갈등으로 번지기 전 미연에 방지할 필요가 있어 보인다.

좋은 음식 앞에서 때로 홀로여도 좋다

　　10여 년 전만 하더라도 '혼밥'이라
는 단어는 없었다. 당시 혼자서 식당에 가서 밥을 먹는다는 것
은 상상할 수도 없었고 직장에서라면 더더욱 그랬다. 하지만 1
인 가구가 늘면서 혼밥이라는 단어가 다양한 매체를 통해 노출
되기 시작하더니, 급기야 외식 형태마저 바꾸는 트렌드가 되어
버렸다. 자연스레 외식 창업 아이템과 형태도 혼밥과 1인 가구
에 맞춘 아이템들이 빛을 발하기 시작했다.

　　통계청이 최근 발표한 '2017 인구주택총조사' 결과 1인가
구가 전체 가구에서 28.6%로 가장 많은 가구인 것으로 나타났
다. 1인 가구가 많아지면서 소비시장에서 그 영향력이 계속 커
지고 있다. 외식업계에서도 1인 가구의 소비 형태를 주시할 수
밖에 없는 상황인 것이다. 1인 가구를 잡기 위한 매장 형태의 변

화나 그들을 위한 메뉴 준비 등이 시급한 실정이다.

농림축산식품부와 한국농수산식품유통공사(aT)가 소비자 3,000명을 대상으로 '2017년 외식소비행태' 설문조사를 진행한 바 있다. 설문조사에 따르면, 올해 월평균 외식 횟수는 14.8회였다. 작년에 비해 0.2회 줄었다. 반면에 혼자 외식을 한 횟수는 0.4회 증가한 4.1회였다. 혼밥 외식이 늘면서 월평균 외식 비용은 31만 원에서 30만 원으로 줄었다. 또한 나홀로 외식을 자주 즐기는 사람은 서울에 사는 20대 남성으로 파악됐고 특히 20대는 나홀로 외식 횟수가 월평균 6.3회에 달했다.

이 통계 수치가 시사하는 바는 아주 크다. 월평균 외식 횟수가 준 데에는 분명 물가 상승이 한몫했다. 밖에서 돈을 많이 쓰느니, 식자재를 사서 집에서 해먹는 이들이 늘고 있다는 이야기다. 하지만 혼밥족은 다르다. 혼밥족은 월 기준 주 1회씩은 외식을 하고 있다고 통계가 이야기해준다. 특히 요리가 서툴고 식자재 보관에 서툰 20대 남성들은 홀로 나가서 밥을 먹는 것을 즐기고 있다. 외식 창업과 외식업계 마케팅이 20대 남성을 고려하지 않을 수 없는 이유다.

최근 석촌호수 근처에 오픈한 김치찌개 전문점인 '김치도가'

는 오픈 전부터 혼밥족을 고려해 매장 내 테이블을 세팅했다. 일반 가족 테이블 외에 서로를 마주 보지 않게 일렬로 놓인 테이블 앞에는 커다란 통유리가 있어 풍경을 감상하며 식사를 할 수 있다. 김치도가는 가족석과 혼밥족 테이블을 섞어놓았지만 아예 혼밥족만을 위해 오픈 한 식당들도 즐비하다. 특히 혼밥의 원조인 일본에서 건너온 '라멘'과 '야끼니꾸' 식당이 대표적 혼밥 플레이스다. 혼밥이 있으면 혼술도 존재하는 법. 마치 '심야식당'처럼 그날 그날 주인이 원하는 안주에 가볍게 술을 즐길 수 있는 미니 선술집에는 이미 혼밥족들로 발 디딜 틈이 없다고 전해진다. 밖에서 홀로 무엇인가를 먹는다는 것이 더 이상 창피함이 아닌 당당한 시대가 됐다.

농식품부는 외식 트렌드 키워드로 '빅블러(big blur · 식당 무인화가 확산돼 외식업종 간 경계가 모호)', '반(半) 외식의 확산(혼밥과 간편식이 발달해 외식과 집에서 먹는 밥의 구별이 불분명)', '한식 단품의 진화(돼지국밥, 냉면 등 한 가지 메뉴를 전문으로 하는 한식당 증가)' 등을 꼽았다. 1인 가구의 증가는 앞으로도 확산될 것으로 전망된다. 농식품부가 꼽은 외식 트렌드가 창업에 고민하고 있던 당신의 머릿속을 단번에 정리해 주었기를 바란다.

도플갱어 외식 트렌드

　농림축산식품부와 한국농수산식품유통공사가 지난해 2018년 외식 트렌드를 이끌어갈 키워드로 '가심비', '빅블러', '반(半)외식 확산', '한식 단품의 진화' 등 4가지를 선정했다. 2018년 상반기를 뒤돌아보니 과연 그 4가지 트렌드 예측이 절묘하게 맞아떨어졌다. 심지어 이 4가지 트렌드가 올해를 넘어 2019년까지 이어질 가능성도 커 외식업 관계자와 예비 창업자들은 주목할 필요가 있다.

　이 네 가지 키워드에 대해 간략하게 설명하자면 우선 '가심비'는 가격 대비 마음의 만족을 따지는 소비패턴을 말한다. 가격이 비싸도 마음이 충족되면 얼마든지 비용을 지불하는 요즘 젊은이들의 소비패턴을 일컫기도 한다. 이에 외식업계에선 음식의 비주얼이나 플레이팅 기법, 점포의 인테리어 등을 통해 차별화된 매력을 가진 점포로 변신을 꾀했다. 맛은 기본이고 소비자들의 마음을 건드릴 킬링 포인트를 찾는 것은 올해를 지나 내년에도 외식업계 종사자들이 고민해야 할 부분이다.

'빅블러'는 인공지능(AI)·빅데이터·사물인터넷(IoT) 등 첨단 정보통신기술(ICT)의 발달로 산업의 경계가 모호해지는 현상을 말한다. 'Blur'는 '흐릿해진다'는 의미를 가진 영어 단어로, 미래학자인 스탠 데이비스가 1999년 <블러: 연결 경제에서의 변화의 속도>라는 저서에서 이 단어를 사용했다. 온·오프의 서비스가 융합되며 외식서비스의 변화는 이미 가속화되고 있다. 앞으로도 정보통신기술은 발전을 거듭할 것이고. 외식산업 역시 그 변화 속에 무구한 발전을 이룰 것이다.

'반외식의 확산'은 식사를 하는 곳이 꼭 식당이 아니어도 된다는 개념과 맥을 같이 한다. 특히 1인 가구의 증가로 인해 음식을 포장해와 집에서 식사를 하는 이들이 늘 것이며, 간편식 시장 역시 혼밥 족을 위한 다양한 상품을 개발하고 있다. 외식업체에서는 포장 용기 개발과 배달 서비스 강화를 염두에 둬야 한다. 집에서 혹은 야외에서 먹기 좋게 포장 용기를 개발하거나 온라인 배달 플랫폼을 이용하는 것은 이제 필수인 시대가 됐다.

'한식 단품의 진화'는 한 가지 메뉴를 전문적으로 하는 한식당이 늘어가고 그 종류가 다양해 짐을 의미한다. 그 예로 올해 상반기는 그야말로 '꼬막 비빔밥'의 득세였다. 꼬막 비빔밥 하나만을 메뉴로 선택해 장사를 하는 이들이 있는가 하면 꼬막을 족발 같은 메인메뉴에 사이드로 첨부해 서비스를 하는 업체도 등장했다. 한식 단품의 진화는 '한 가지 메뉴만 있는 것이 전문성을 보장한다'는 한국 특유의 정서도 한몫했다. 내년에는 한식 단품 메뉴 중 어떤 메뉴가 대세가 될지 모르겠지만, 한식 단품의 인기는 쉽사리 사그라지지 않을 것이다.

유행은 지나가기 마련이다. 하지만 자신이 속한 분야에서 트렌드를 이끌고 있는 것이 어떤 것인지 정확히 아는 것은 필요하다. 트렌드는 곧 소비자들 마음의 흐름이며, 이를 알아채 변화를 시도하는 것 역시 성공하는 길 중 하나다.

포도넝쿨과 인삼밭의 교훈

예전 업무차 전라도에 내려간 적이 있었다. 그때 포도 농사를 짓는 이를 만났었는데 포도 넝쿨 아래로 밭이 일구어진 것을 눈여겨 봤다. 걷기 위한 길을 낸 건지 궁금하여 물어봤더니 돌아온 답이 획기적이었다. 노는 땅이 아까워 포도넝쿨 그림자가 뒤덮인 땅에 인삼을 심었다는 이야기였다. 말인즉슨 한 공간에 두 가지 작물을 키우고 있었던 것이다. 이른바 '다모작'이었다. 주렁주렁 열린 포도와 그 그림자 속에서 단단하게 여물고 있는 인삼을 보고선 참 경제적이고 현명한 판단이라는 생각을 했었다.

요즘의 외식 창업 업계를 보고 있노라면 포도넝쿨과 인삼밭에 대한 생각이 절로 떠오른다. 외식업계의 불황이 지속되면서 하나의 매장에서 두 가지 아이템으로 승부할 수 있는 '다모작 창업'에 많은 창업자들의 관심이 쏠리고 있기 때문이다. 사실 다모작 매장 운영은 이전부터 계속돼 왔다. 점심, 저녁 등으로 시간을 분산해 각각의 니즈에 맞는 고객들을 유치했었다. 하지만 예전의 다모작 운영이 밤과 낮으로 구별한 것이었다면 요즘의 다모작 운영은 그 결을 달리한다. 한 매장 안에서 식사와 디저트 모두를 해결할 수 있도록 운영하는 가 하면 이종(異種)업종 간 결합도 눈에 띈다.

현재 프랜차이즈 외식업체 중에도 다모작 운영을 하며 소비자들에게 호평을 받는 곳도 여럿 존재한다. '청년다방'은 프리미엄 떡볶이와 커피, 간단한 주류를 함께 판매하는 신개념 분식점이다. 메인 메뉴인 떡볶이에 통오징어튀김, 차돌박이, 통닭 등 다양한 토핑을 얹어 고급화하고 커피와 맥주를 함께 판매함으로써 낮에는 주부들과 학생들의 모임 장소로, 저녁에는 직장인들이 가볍게 즐길 수 있는 호프집으로 변신이 가능하다. '㈜8푸드'가 운영하는 '팔이구이' 역시 구이 전문점이지만 비교적 이른 시간대인 오전 11시에 문을 연다. 가성비가 높은 점심 메뉴와 저녁 구이 메뉴를 갖춰 직장인들의 점심 식사는 물론 저녁 회식까지 가능하다. 물론 전문적인 프랜차이즈 창업이 아닌 개인이 운영하는 외식점포가 다모작 운영을 하는 것에 불안요소가 있을 수 있다. 특히 단일 품목으로 장사하는 것이 전통적인 '맛집'이라는 개념이 확고한 우리나라에서 너무 다양한 메뉴와 콘셉트가 혼재돼 있는 것은 소비자들로 하여금 전문성이 결여된 곳이라는 불필요한 오해를 살 수 있는 부분이다.

이에 한 매장에서 전혀 다른 콘셉트의 음식과 서비스를 제공하기 위해선 맛에 대한 확실한 보장과 함께 소비자들이 신뢰할 수 있는 지속 가능한 품질관리와 서비스가 동반되어야 한다. 프랜차이즈 같은 경우에는 본사가 식자재 관리와 레시피 관리를 해서 이 부분에 있어 별문제는 없지만 개인 점포 같은 경우에는 각별한 신경을 쏟아야 한다.

창업 시장은 소비자들의 필요에 따라 수시로 변동될 수밖에 없다. 지금의 소비자들은 한자리에서 다양한 경험을 원하기 때문에 다모작 창업은 시대가 요구하는 창업의 한 형태라고 할 수 있다. 하지만 섣불리 도전하지는 말아야 한다. 매출에 눈이 가려 이것저것 욕심을 부려 점포를 꽉 채우다가는 가장 중요한 소비자들을 놓치는 불상사를 맞이할 수 있다.

복잡한 특허? 든든한 아군!

　　피자를 즐겨먹진 않지만 직원들에게 간식거리 겸 피자를 사주고 한 점 맛볼 때가 있다. 며칠 전에도 피자를 시킨 후 맛을 보는 데, 대뜸 직원이 "지금 드시는 피자 특허받은 피자예요"라는 것이 아닌가. 피자에 특허를 받을 부분이 어디 있을까 골똘히 생각하다가 답을 찾지 못해 직원에게 물으니 '도우'에 특허가 걸려 있었다. 전혀 생각지도 못했던 곳에서 특허가 튀어나와 신기하기도 하고 재미있기도 했는데, 사실 프랜차이즈 업체 중 특허를 받아 그것을 브랜드의 장점으로 승화시키는 경우가 많다.

　　고객을 유치하기 위한 경쟁력으로 '특허 출원'에 나서는 프랜차이즈 기업들은 종목을 가리지 않는다. 만화방, 독서실도 특허를 받아 운영을 하는 곳이 있다. 외식 프랜차이즈 기업은 특허를 받는 곳이 더 많다. 특허를 받기 위해선 독창적인 아이디어와 세상에 없던 것을 만들어 내는 진보성의 조건을 갖춰야 한다. 외식 프랜차이즈 기업들이 이처럼 까다로운 조건의 특허 출원을 하는 이유는 브랜드의 차별성과 경쟁력 우위를 가질 수 있기 때문이다. 또한 요즘 문제시되고 있는 미투 브랜드에 대한 대비책으로도 활용할 수 있어 외식 프랜차이즈 기업의 특허 출원이 계속되고 있다.

필자가 알고 있는 우리나라 외식 프랜차이즈 특허 상황은 이렇다. 일단 '이바돔감자탕'의 특허는 많은 이들이 알고 있을 것이다. 지난 2004년 4월 특허청에서 특허등록(특허 제 0428901호)을 받은 '특허 등뼈찜'은 대한민국 최초로 개발된 등뼈찜이기도 하다. '콩불' 브랜드는 특허등록(10-125827)을 통해 흑마늘 추출물을 이용한 콩나물 재배 방법에 대한 특허를 받은 바 있다. 의성 흑마늘 추출물로 배양한 의성 흑마늘 콩나물로서 아삭한 식감과 담백한 맛으로 소비자들에게 좋은 반응을 얻고 있다. 글의 서두에 언급한 피자 브랜드는 '피자마루'다. 피자마루는 지난 2008년 '기능성 웰빙 피자 도우와 제조 방법'으로 피자업계 최초 특허를 획득했다. 그렇게 탄생한 도우가 바로 '그린티 웰빙 도우'다. 녹차와 클로렐라를 비롯해 호밀, 흑미, 조, 수수, 밀 등 10여 가지 천연 잡곡이 함유된 '특허받은 그린티웰빙도우'는 피자마루의 시그니처가 됐다. 이 외에도 꽤 많은 프랜차이즈 기업들이 자신들만의 업종 특성을 살려 특허 출원을 경쟁적으로 하고 있다.

물론 특허가 맛을 보장하는 것은 아니다. 특허를 받았다고 해서 미슐랭 가이드에 실리는 것은 아니다. 하지만 특허를 받기 위한 업체들의 노력은 인정을 해줘야 한다. 전쟁터를 방불케 하는 외식 시장에서 특허가 하나의 무기로 사용할 수 있다는 점에서 앞으로도 외식 프랜차이즈의 특허 개발을 계속될 것이다. 특히 미투 브랜드가 난립하는 요즘 같은 외식업계 풍토에서 특허는 하나의 안전장치로서의 역할도 하고 있다. 벤치마킹이라는 미명 하에 이뤄지고 있는 브랜드 베끼기가 외식 시장을 어지럽히고 있는데, 그것의 피해자가 바로 당신의 브랜드가 될 수 있다. 특허 출원을 해놓으면 혹시 모를 최악의 상황에서 특허가 구원의 손길을 내밀어 줄지도 모른다. 특허 출원, 하는 입장에선 머리 아픈 일이겠지만 해놓고 나면 그만큼 든든한 아군도 없을 것이다.

어린이를 향한 시선폭력

　　오전 10시에서 11시 사이, 필자가 일하는 곳 근처 카페는 아이 엄마들의 수다의 장으로 변모한다. 직장인들의 출근시간도 지나고 점심시간은 이른 한적한 그 시간에, 아이 엄마들은 유모차를 끌고 나오거나 아이를 안고 나와 카페에 둘러앉아 커피를 마시며 이야기를 나누곤 했다. 하지만 마치 거리의 정물화처럼 카페 안에 그려져 있던 그녀들과 아이들의 모습이 언젠가부터 보이지 않았다. 알고 보니 그 카페가 '노키즈존(NO KIDS ZONE)'을 선언했고, 이후부터 그녀들도 그 카페에 모습을 나타내고 있지 않았다.

　　노키즈존에 대한 갑론을박은 몇 해 전부터 온라인과 오프라인 상에서 치열하게 대립해 왔었다. 하지만 정부 정책으로 가릴 수도 없는 그 대립은 개인 간 오해와 상처를 계속 남기고만 있다. 노키즈존은 영유아와 어린이의 출입을 금지하는 업소를 가리키는 신조어다. 성인 손님에 대한 배려와 영유아 및 어린이의 안전사고를 방지하기 위해 출입을 제한한다는 것이 골자다. 노키즈존을 찬성하는 입장은 영업상 자유, 타인의 평화로운 휴식을 보장한다는 견해다. 반대하는 입장은 영유아를 잠재적 위험 집단으로 설정하고 사전에 차단해 버린다는 점에서 기본권 침해의 소지가 있다는 견해다. 법적 해석도 갈린다. 온라인 사전에 등록된 노키즈존 찬반 대립에 관한 글을 살펴보면 노키즈존을 찬성하는 입장에서는 특정 손님의 입장 거부는 민법상 계약 과정에서 손님을 선택하고 서비스를 제공하지 않을 수 있는 자유에 속한다고 본다. 반면 노키즈존에 반대하는 입장에서는 헌법상 평등의 원리, 차별 금지의 원칙 등에 따라 업주의 과잉 조치라고 본다.

두 입장 모두 이해가 가고 수긍이 간다. 나름의 이유도 확실하다. 하지만 이렇게 노키즈존이 확산되는 것에는 약간의 우려가 된다. 남혐, 여혐으로 갈라져 있는 우리 시대가 아이 혐오로까지 이어지는 것은 아닌가 하는 불안감 때문이다. 아이의 무신경함으로 인해 피해를 보는 이가 있다면 이는 분명 올바른 지도가 필요한 부분이다. 하지만 노키즈존을 외치는 이들은 아이들에게 올바른 지도를 하기 전 냉담한 시선을 먼저 보내고 있는 것은 아닌지 돌이켜 봐야 한다.

정부에서는 출산율이 떨어진다고 출산장려정책을 내놓고 있
는데, 외식점포에서 노키즈존을 외치고 있는 이 아이러니한 상
황. 아이들을 데리고는 눈치가 보여 어디로든 자유롭게 갈 수
없게 만드는 사회의 냉혹한 시선. 아이들은 죄가 없다. 단지 어
머니를 따라 나왔을 뿐이고, 놀고 싶었을 뿐이다. 그런데 어른
들은 아이가 음식점과 카페에 들어오는 순간부터 색안경을 낀
눈초리로 쳐다본다면 그것 역시 폭력이라 할 수 있다.

노키즈존을 외치는 수많은 외식 점포들에게 제안한다. 아이
들의 무질서한 행동과 그것을 방관하는 부모의 자세가 싫다고
한다면 '노키즈존'을 외칠 것이 아니라 점포 내 한 부분을 '키
즈존'으로 만드는 것은 어떨까? 돈을 들여 흡연실을 만들 것이
아니라, 아이들이 놀 수 있는 조그마한 공간 하나를 내어주는
배려야말로 지금 이 시대에 반드시 필요한 우리의 숙제라고 생
각한다.

경직된 관계에 따뜻함을 불어넣다

디지털 시대를 살아가는 우리에게 종이의 필요성이 점점 없어지고 있다. 학교 수업도 컴퓨터 위주의 수업으로 전환되어 가고 있고, 출판시장은 전에 없이 위축되어 있어 반등의 기회를 좀체 찾지 못하고 있다. 특히 전자 책과 스마트폰으로 글을 읽는 세대들에게 종이로 읽는 거리들은 이제 더 이상 흥미롭지 못하다. 이는 외식업계에서도 마찬가지였다. 2000년대 후반 들어 종이로 사보를 발간하던 기업들이 하나 둘 없어지더니, 이제는 그 수를 손에 꼽을 만큼 사라졌다. 디지털 홍보가 주가 된 이 세상에서 그 누가 종이를 원하겠냐는 생각 하에 종이 사보를 없앤 것인데, 어쩐 일인지 종이 사보가 요 근래 들어 외식업체들 사이에서 부활 조짐을 보이고 있다. 외식업체에 때아닌 아날로그 바람이 불어오고 있다.

사보는 임직원 및 협력사를 위해 만드는 사내보와 기업의 소식을 대외적으로 알리는 사외보로 나뉜다. 한창 종이 사보가 활발히 만들어졌던 15년 여전쯤에는 사내보, 사외보 모두 적게는 수 천 개, 많게는 만 부가 넘게 찍어내던 기업들이 많았다. 하지만 디지털이 보편화되면서 온라인 웹진 형태로 기업의 소식을 전하는 창구가 바뀌었다. 하지만 외식업계가 이러한 흐름에 역행하며 종이 사보 시대를 다시 열고 있다. 기업 문화를 효과적으로 정착시키고 널리 공유하는 수단으로 사보를 활용하는 외식 프랜차이즈가 늘어나고 있는 것이다.

'청년다방'은 지난 2016년부터 '청년늬우스'라는 사내보를 만들어 직원 및 가맹점주들과 소통하고 있다. 외식 프랜차이즈 업체 중 가장 빠르게 종이 사보를 적극 도입한 케이스인데, 커다란 신문 형태로 제작되는 '청년늬우스'는 독특한 아이디어와 흥미로운 볼거리들로 가맹점주들에게 좋은 평을 듣고 있다. '하남돼지집'은 지난달 사내 매거진 'the H'를 창간했다. 하남돼지집 관계자는 일선 가맹점주들에게 종이 매체를 통해 아날로그적 감성과 풍부한 정보를 전달한다는 취지다. 계간으로 발행되는 'the H'는 국배판 변형, 총 50페이지 분량으로 업계의 생생한 동향부터 하남돼지집 내에 새로 도입되는 제도, 우수 가맹점 운영사례 분석, 직원 인터뷰, 협력 업체 근황, 본사 사업 부서 소개 등 다채로운 소식을 담고 있다. '피자알볼로' 역시 이 달 초 기업 가치를 담은 사보 '알볼로타임즈'를 발행했다. 피자 알볼로는 사보를 통해 고객 및 구성원을 대상으로 내·외부 소통을 활성화하기 위함은 물론, 브랜드 슬로건인 '피자는 이렇게 만들어야 합니다'를 널리 알리고 있다.

그렇다면 왜 외식업계에서 종이 사보의 부활이 일어난 것일까. 예측해 보건대, 종이 사보는 갑과 을로 구분돼 명시되고 있는 요즘의 외식 프랜차이즈 본사와 가맹점 간 관계에 돈독한 정을 불러일으키는 하나의 장치라고 여겨지고 있는 것 같다. 디지털은 줄 수 없는 종이만의 따뜻한 느낌, 그 느낌을 빌어 프랜차이즈 본사가 가맹점과의 관계에서 따뜻한 온기를 넣어줄 마중물 역할을 기대하고 있는 것은 아닌지. 비록 본사 입장에서는 품이 많이 들고 비용도 비싸고 신경 쓸 것이 훨씬 많아지지만 그들의 노력이 곧 빛을 발할 것이다. 정성을 들이면 그 어떤 일도 일어나는 법이니까.

의식의 '혁명'이 먼저다

　　　　　　　　　가위가 선사하는 답답함과 공포감
을 느껴본 적이 있는지. 분명 의식도 또렷하고 주변의 소리도
잘 들리는데, 거대한 공포감과 함께 옴짝달싹하지 못한다. 마치
무언가가 노려보고 있을 것만 같은 두려움도 함께 든다. 그런데
이런 무서운 경험을 필자는 잠들지 않은 상태에서 겪은 적이 있
다. 며칠 전 공정거래위원회의 기자회견을 보면서 마치 가위에
눌린 것 같은 답답함과 공포감이 엄습해 왔다.

　답답했다. 그리고 공포스러웠다. 공정거래위원회는 올해 하반
기 50개 외식 프랜차이즈 브랜드에 대해 일제 점검을 실시하고,
프랜차이즈 본부가 가맹점에 식자재를 공급하면서 남기는 이익
규모를 조사해 발표하기로 했다. 정부의 프랜차이즈 본사 길들
이기가 본격적으로 시작된 듯하다. 정부에서 가맹본부와 가맹

점 간의 관계를 갑을 관계로만 보고 문제를 해결하려는 인식이 답답하고, 그런 인식에 전 국민이 지지를 보내는 것이 공포스러 웠다. 이에 프랜차이즈산업협회도 대응을 했다. 협회장의 대국 민 사과와 함께 로열티를 부활하겠다는 의지를 내보였다. 이는 김상조 공정위 위원장의 의견과 일치한다. 기본적 계약구조를 필수품목 등 유통 마진이 아니라 매출에 기반한 로열티 제도로 바꾸겠다는 것이다. 의도도 좋고, 취지도 공감 간다. 하지만 그 럼에도 불구하고 답답함이 가시지 않는다. 이 답답함은 대한민 국 프랜차이즈 산업이 로열티 제도를 이토록 빨리 시행할 만큼 의 선진 프랜차이즈 시장이 아니라는 데서부터 기인한다.

　로열티를 안 받고 싶은 프랜차이즈 본사는 없다. 본사 입장 에서 유통마진보다 로열티로 정산 받는 것이 효율적이다. 하지 만 프랜차이즈 산업이 식자재 유통 마진으로 산업구조가 정착 한 이유가 몇 있다. 그중 가장 큰 이유가 '미수금' 문제다. 현재 필자가 알고 지내는 프랜차이즈 업체 중 공정위와 한국프랜차이 즈협회가 해야 한다고 주장하는 로열티 제도를 이미 시작한 곳이 있다. 그렇다면 그 가맹본부와 가맹점이 서로 상생하며 잘 지내 고 있을까. 물론 그러면 좋았을 테지만 애석하게도 그렇지 못하 다. 가맹점의 미수금 문제가 불거져 법정 싸움을 할 판이다. 가맹 본부는 몇 천만 원의 미수금이 있는 상황에서도 가맹점 문을 닫

으라고 종용할 수 없으니 2년 동안 끌고 왔고, 결국 미수금은 억의 금액을 넘어섰다. 그런데 황당한 것은 본사가 되레 세무조사를 받았다는 것. 미 청구액으로 인해 세금 발행을 안 하니 로열티 못 받은 금액에 대한 40%를 세금 추징당했다. 상황이 이렇게 되니 가맹점과 가맹점주에게 남은 것은 상생의 길이 아닌 법정으로 가는 길뿐이다. 이런 상황은 이전에도 숱하게 있었고, 이로 인해 대한민국 프랜차이즈 본사 대부분이 로열티 대신 유통마진 제도로 갈 수밖에 없는 현실이 됐었다. 우리 사회가 프랜차이즈의 로열티에 대한 이야기를 논하기 전에 먼저 선행 돼야 할 것이 있다. 가맹점주들의 로열티에 대한 긍정적 인식과 그에 따른 의식의 변화, 변화로는 어림없다면 의식 혁명이 이루어져야 한다.

지금의 프랜차이즈 산업을 둘러싼 일련의 사태엔 허와 실이 분명히 존재한다. 잘못을 저지른 프랜차이즈 본사에 대해 강력하게 규제를 하는 것은 옳은 일이지만 그 규제를 프랜차이즈 산업 전체로 확대해서는 곤란하다. 정부는 일찍이 프랜차이즈 산업구조 자체를 제대로 이해하고 관리하고 통제하고 육성해줬어야 했다. 이제 와서야 무조건 본사들의 갑질만을 통제 하겠다는 것은 사후 약방문 그 이상, 그 이하도 아니다. 일제 점검, 로열티 제도로 인해 앞으로 더욱 심한 가위에 눌릴 프랜차이즈 본사의 숨통을 현재, 그 누구도 신경 쓰지 않고 있다.

마음을 나눠야 진정한 상생이다

"가맹점이 살아야 본사가 산다"

대한민국의 많은 프랜차이즈들이 입을 모아 하는 말이다. 상생이 프랜차이즈 존립의 핵심 키워드가 된 지 어느새 1년이 지났다. 작년 수많은 프랜차이즈의 갑질과 프랜차이즈 오너들의 방만한 운영이 수면 위로 떠올랐다. 하지만 아직도 가맹점과의 상생을 위한 프랜차이즈의 갈 길은 멀기만 하다.

프랜차이즈 업계에 상생이 본격적인 화두가 된 것은 지난 2017년부터. 프랜차이즈 오너들의 잦은 구설수와 가맹점을 향한 갑질이 뉴스 보도를 통해 대중에게 공개된 후 국민들은 분노할 수밖에 없었다. 그리고 그 분노는 이윽고 대한민국 프랜차이즈 전체를 향해 분출됐다. 이에 공정거래 위원회가 나서서 프랜차이즈 업체에 직접 칼을 들이대기도 하고, 가맹점주들이 집단행동을 취하며 잘잘못을 가리기도 했다. 하지만 아직도 일부 프랜차이즈 업체들은 입으로만 가맹점주와의 상생을 외치고 있지만, 정작 그들이 무엇을 힘들어하는지는 이면하고 있는 것 같다.

현재 가맹점주를 힘들게 하는 것은 임대료 상승, 최저임금 상승, 카드 수수료 문제 등이다. 물론 프랜차이즈마다 특성이 달라 가맹점주들이 무엇이 가장 힘든지는 판가름하기 어렵다. 말인즉슨 모든 프랜차이즈에게 일괄 적용할 상생 방안을 만드는 것은 불가능하다는 이야기다. 각 프랜차이즈 별로 가맹사업본부가 실천적인 상생 방안을 수립해야 한다. 상생방안을 프랜차이즈 시스템으로 정착 시키고 가맹본부와 가맹점 간 상생 문화를 일반적인 문화로 받아들일 수 있게끔 전파해야 한다.

국내 프랜차이즈 업체 중 상생 시스템이 잘 갖추어져 상생문화가 프랜차이즈 업체 문화로 안착된 케이스가 몇 존재한다. 우선 '청년다방'은 지금은 없어지는 추세인 종이 사보를 만들어 점주들에게 다양한 브랜드 소식을 전해주기도 하며 각종 시상식을 통해 가맹점주들의 사기를 북돋는다. 청년 다방 직원이 동시에 점주를 병행하는 케이스도 존재해 가맹점주들의 마음을 더욱 잘 헤아릴 수 있는 장점도 가지고 있다.

또한 이자카야 청담 이상은 일식 요리사 구인이 어려운 가맹점의 심정을 헤아려 가맹점의 일식 요리사 구인을 도와주고 있다. 유수의 학교와 학원과 산학협력을 맺고, 이들의 요리사 인재들을 청담이상 가맹점과 연결 해주는 것이다. 또한 우수 가맹점을 뽑아 일본으로 현지 견학을 보내주어 일본 정통 사케 공장과 이자카야 시스템을 공부시켜주는 것 역시 청담 이상이 오랫동안 지켜온 상생 시스템이다.

'피자마루'는 문재인 대통령이 기획재정부 직원들에게 피자를 돌리면서 이른바 '이니피자'로 세간의 조명을 받은 바 있다. 가맹점과의 상생 협력에 힘을 쏟는 프랜차이즈인 점이 감안돼 청와대가 이 업체에 피자를 주문한 것으로 알려졌다. 피자마루는 가맹점 대표와 협의회 개최, 부진 매장 특별 지원 제도, 정기 소통 세미나, 노후 및 장수 점포 지원 등 여러 상생 프로그램을 진행하고 있다. 특히 피자마루의 이영존 대표와 임직원들은 점주협의회와 끊임없이 소통하며 브랜드의 홍보 방향과 마케팅 방향을 함께 결정하는 것으로 알려져 있다. 오래 운영해온 가맹점에 대해서는 희망에 따라 본사가 30% 정도를 지원해 인테리어를 새로 바꾸는 작업도 함께 해나가고 있다.

앞서 언급한 프랜차이즈들의 공통점이 있다. '상생'이 작년 대한민국을 휘몰아친 화두가 되기 전부터 오랜 시간 동안 가맹점과의 상생을 중요시해 온 기업들이라는 것이다. 상생은 하루아침에 말을 내뱉고 그때부터 시작하는 것이 아니다. 시간을 두고 서로의 마음을 나눴을 때 비로소 상생은 시작된다.

창업이란 긴 여정을 떠나는 당신에게

부록

부 록

시니어여! 젊은 노인이 되기보다
늙은 청년이 되자!

김 영 호 회장

前 롯데칠성 과장, 롯데칠성 T.Q.C 부문 대상 수상,
고려대학교 행정대학원 석사과정 강사, 배재대학교 특강 강사 등

　　1955년에서 1964년 사이 태어난 이들을 흔히 베이비 붐 세대라 일컫는다. 베이비 붐 세대들은 현재 은퇴를 앞두고 있거나이미 은퇴를 한 이들이 대부분이다. 이들이 제2의 인생을 꾸려가기 위해 창업을 계획하는 것을 시니어 창업이라고 부르는데, 도전을 겁내는 시니어들이 주변에 너무도 많다.

　　젊은 노인들이 늘어가고 있다. 아직 왕성하게 더 일을 할 수있는데도 불구하고 공직에서 퇴직을 하거나 기업에서 퇴직을한 후 놀고 있는 젊은 노인들이 내 주변에만 하더라도 여럿이다. 정부에서는 이들을 위해 재취업 등의 기회를 보장하고 있지만 공무원 생활과 대기업 생활을 오랫동안 해왔던 이들에게 정부가 제공하는 재취업 일자리가 눈에 들어올 리 만무하다.

그렇다고 이들이 투자에 적극적이냐 하면 그것도 아니다. 나이 60세가 다 되어가는 이들에게는 이미 이뤄놓은 것이 많다. 말인즉슨 잃을 것이 많다는 이야기다. 자신의 작은 행동 하나에 가족 모두의 안위가 걸려있는데, 함부로 투자를 할 수도 없는 노릇이다. 이에 많은 이들이 창업을 생각하고 있다. 이른바 시니어 창업이다.

청년창업은 사회적인 경험과 자본은 부족하지만 시간이라는 중요한 자산이 있다. 즉 실패를 하더라도 다시 도전할 수 있는 시간이 있다는 것이다. 다시 도전할 기회가 무수히 존재한다는 것, 그것이야말로 청년들의 장점이다. 시니어들은 청년들처럼 무수히 도전할 수 있는 시간과 환경이 존재하지 않는다. 그렇다면 고려할 수 있는 것은 이미 검증된 창업 아이템을 선점하는 것이다.

검증된 창업 아이템이라 하면 프랜차이즈를 이야기하는 것이다. 프랜차이즈 본사는 창업자를 대신해 시장 분석과 상권분석을 제공해준다. 창업자는 그들의 말을 잘 듣고 있다가 믿을만한 곳을 잘 선택하면 된다. 자신이 원하는 업종에서 어떤 프랜차이즈가 각광받고 있는지 미리 체크해 두면 후에 편하다.

셰프 수업을 받은 뒤 자신이 직접 주방에 들어가는 창업도 추천한다. 단, 자신이 직접 주방에 들어갈 시에는 가게 규모는 작게 해야 하며 '맛집' 콘셉트를 유지해야 한다. 맛의 보장만 확실하다면, 작은 규모의 가게여야 웨이팅이 걸려서 입소문이 날 수 있다.

백세 시대에 은퇴 이후 놀겠다는 생각은 버려야 한다. 나이가 들어 여행만 다니는 삶이 결코 행복한 삶은 아니다. 은퇴 이후에도 사회 구성원으로서 무언가를 한다는 보람이 있어야 행복해진다. 시니어들이 젊은 노인이 아닌 늙은 청년이 되었으면 한다.

외국인의 입장에서 본
한국 외식업의 현황

최 승 연 대표

독일 맥주 '크롬바커' 수입회사 대표

  필자의 국적은 오스트리아다. 하고 있는 업무도 수입주류 유통 판매이다 보니 외국 손님과 친구들, 바이어들을 만날 기회가 흔하다. 외국 사람들을 데리고 한국을 보여주다 보면 그들이 놀라는 포인트가 두 가지가 있다. 하나는 거리에 간판이 많은 것 그리고 식당이 많은 것이다.

  외국은 한국처럼 식당이 많지 않다. 한 달에 한두 번 가족들이 다 같이 가서 먹을만한 식당 몇 군데가 전부인 곳도 있다. 가족행사, 회식 겸 일 년에 한두 번 정도 식당을 방문하는 이들도 있다. 외국인들에게 식당은 본격적으로 돈을 내고 서비스를 받는 공간이다. 이들의 눈에는 한국 식당이 신기하고도 불편한 점이 분명 존재한다.

대한민국에서는 빨리 먹을 수 있고 저렴하게 먹을 수 있는 식당이 많다. 그렇다 보니 응당 지켜야 할 식당의 기본적인 사항을 충족시키지 못하는 곳이 더러 존재한다. 외국에는 음식 맛, 서비스, 위생의 최저 수준이 정해져 있다. 그에 반해 대한민국은 식당들 중 기본 지켜야 할 사항이 최저 수준도 안 되는 곳이 꽤 많다고 느끼고 있다.

이는 음식에 대한 개념이 없이 모양내기, 따라 하기, 흉내 내기가 많아서 벌어지는 일 같다. 돈벌이만을 위해서만 외식 창업을 하기 때문에 벌어지는 현상이다. 예를 들어서 대한민국 온 동네를 접수했던 '불닭' 식당이 지금은 모조리 자취를 감췄지 않았나. 찜닭 열풍, 스몰 비어 열풍도 그 맥락이 같다. 짧은 유행에 편승해 오직 돈벌이로만 외식 창업을 생각하니 손님에게 제대로 된 맛과 서비스를 해 줄 수 없는 것이다.

일본은 100년이 훌쩍 넘는 시간 동안 대를 이어 운영하고 있는 우동집이 많다. 우동이 대단한 음식은 아니다. 하지만 그 별것 없는 음식을 특별하고 별 것 있게 만들어 가고 있는 것은 일본인들 특유의 장인정신 덕분일 것이다. 우리나라에서도 대를 이어 식당을 운영하는 이들이 간혹 있긴 하지만 극소수인 것으로 알고 있다. 한길만 묵묵히 걷는 식당을 만나기 어렵다.

며칠 전 필자는 돈가스를 먹으러 간 적이 있다. 돈가스는 튀김의 바삭한 맛으로 먹는다. 하지만 대한민국 돈가스 식당 10개 식당 중 9개 식당은 돈가스 위에 넓게 소스를 뿌린다. 이는 음식을 이해하지 못하기 때문에 벌어지는 일이다. 튀김을 왜 하는 것일까? 바삭한 식감과 맛을 즐기게 하기 위해 튀김을 하는 것이다. 소스로 돈가스를 다 덮어버리면 튀김은 눅눅해진다. 서둘러 빨리 먹지 않으면 바삭바삭한 맛을 절대 느끼지 못한다. 독일에 돈가스와 비슷한 음식 중 슈니첼이라고 있는데, 슈니첼은 그 위에 절대로 소스를 뿌리지 않는다. 잼 같은 것을 따로 내어준다거나 레몬을 따로 줘서 그 위에 뿌려먹게 한다. 대한민국에서 식당을 하는 이들 많은 분들이 음식에 대한 이해가 없고 이해해야 한다는 필요성조차 못 느끼고 있는 것은 아닌가라는 생각을 해본다.

요즘 외식업이 다들 불경기라고 하지만 왜 장사가 안 되냐고 하기 전에 자신이 파는 음식에 대한 이해가 제대로 됐는지, 서비스와 친절은 기본 이상의 수준을 유지하고 있는지 되짚어 볼 필요가 있다. 이제는 갈만한 이유가 있는 식당만 살아남을 것이다. 자리가 좋아서, 역세권이어서라는 조건은 식당이 성공하기 위한 절대 조건에서 배제되고 맛과 서비스 위주의 재평가가 시작될 것이다.

다점포 점주가 초보 창업자에게 건네는 조언

백 종 찬 사장

現 대전 '더 오페라' 웨딩홀 운영, '청담이상' 대전봉명점,
천안두정점, 세종도담점 운영 중, '아오리' 세종 도담점 운영

필자는 현재 웨딩홀과 이자카야, 라멘집을 운영하고 있는 다점포 점주다. 프랜차이즈 본사를 만들어 운영하는 것에 대한 꿈을 가지고 있어 그것에 대한 경영 수업 일환으로 프랜차이즈 점주 경영을 적극적으로 임하고 있다. 다점포 점주로서 초보창업자들에게 고할 바가 있어 이렇게 이야기를 전하게 됐다.

누구나 아는 사실이겠지만 현재 대한민국의 외식사업 전망이 좋지 않다. 임대료는 끝도 없이 올라가고, 최저임금은 인상돼서 직원을 두고 점포를 운영하는 것도 부담이 된다. 하지만 상황이 이러하더라도 누군가는 창업을 하고 있고, 특히 초보 창업자들이 많이 늘고 있다. 직장의 은퇴연령이 빨라지고 있고, 청년들의 취업난이 가속화되면서 창업으로 눈을 돌리는 이들이 많아졌기 때문이다.

사실 특별한 음식의 기술도, 특출난 서비스 마인드도 없는 이들이 외식창업을 생각한다면 필자가 해 줄 수 있는 최고의 조언은 좋은 프랜차이즈를 고르라는 것이다. 초기 부담금이 큰 규모가 있는 프랜차이즈 말고, 작은 규모이지만 좋은 메뉴와 질 높은 서비스 노하우를 가진 프랜차이즈가 분명히 존재한다. 그런 프랜차이즈를 심사숙고해서 선택을 하는 것이 초보창업자들에게 유리할 것이다.

　필자 역시 초기에 프랜차이즈 브랜드를 잘 만난 케이스다. 잘 만들어 놓은 인테리어, 좋은 서비스, 훌륭한 음식의 질까지 3박자가 다 갖춰져 있었다. 그렇기에 프랜차이즈 점주로서 벌써 1년 반을 무사히 지내올 수 있었다. 물론 매장을 운영하면서 힘든 점도 분명 존재한다. 요즘 같은 경우에는 매장이 늦게까지 하다 보니까 직원을 구하는 부분에서 어려움이 있다. 힘든 일을 하지 않으려는 사회적인 현상 때문에 이런 어려움은 계속될 것이다.

　하지만 역경 없이 돈을 벌 수 있는 곳이 과연 어디 있을까? 필자는 어렸을 때부터 웨딩홀에서 사진을 찍는 일을 하다가 36세 때 비로소 웨딩홀 사업에 뛰어들었다. 햇수로 9년 동안의 시간 동안 무수히 많은 어려움이 있었다. 물론 요즘도 결혼하는 이들의 감소 때문에 웨딩홀 운영이 쉽지는 않지만, 역경을 역경이라고 인정하는 순간 힘들어진다. 그저 내 앞에 큰 바위 하나가 놓여져 있는데, 이를 돌아가든 넘어가든 방법을 찾으면 되는 것이다. 아무것도 아니라고 생각하면 문제는 절로 풀어지는 경우가 다반사다.

도전이라는 것은 쉬운 상황에서 쓰는 말이 아니다. 지금처럼 어려운 불경기에 창업을 결심하게 되는 것은 분명한 도전이다. 하지만 겁낼 필요는 없다. 성공할 이는 성공하기 마련이다. 다만, 성공하는 이들이 가지고 있는 이기는 습관을 몸에 지니고 있어야 한다. 남들보다 조금 더 부지런하고, 친절하고, 싹싹하게 굴면 외식 창업이 그리 어려운 도전은 아닐 것이다.

외식이나 의료업계나… 불황에서
성공으로 가는 방향 제시

박 찬 섭 원장

피부과, 성형외과 운영

위례에 성형외과와 피부과를 운영하며 원장으로서 삶을 살고 있다. 전문의로 성공하기 위해 거쳤던 그 고단한 여정들의 피로가 이제 갓 가신 것 같다. 규모가 크지 않지만 단란하게 직원들과 병원을 꾸려가고 있는데, 요즘 사람들이 성형외과와 피부과 의사들에 대한 오해를 하고 있는 부분이 있는 것 같다. 성형외과와 피부과 의사는 힘들이지 않고 쉽게 돈을 벌고 있다는 인식이 그것이다.

단적으로 이야기해서 국내 의료계에서 성형외과와 피부과만큼 경쟁이 심한 곳이 없다. 우선 대학교 때부터 이야기를 하자면, 내과나 정형외과 등의 전공은 정원을 채우지 못하는 경우도 생기는데, 피부과와 성형외과는 경쟁률이 그보다 높다. 그만큼 수요가 많은 전공이다. 경쟁을 뚫고 전공의 수련을 하고 나선

그 이후부터가 또 문제다. 우리나라 피부과와 성형외과 시장은
이미 포화상태이기 때문이다.

 한 언론사 기사를 살펴보니 중국으로 나가는 우리나라 의사
수가 점점 증가하고 있고, 국내 의사들의 중국 진출이 많은 진
료과는 성형외과와 피부과라고 한다. 이를 뒷받침할 통계자료
도 존재한다. 보건복지부와 한국보건산업진흥원이 지난달 발표
한 '2015년 의료기관 해외 진출 현황 분석 결과'에 따르면 우
리나라 의료기관들이 가장 많이 진출한 나라는 중국으로 전체
141건 중 52건을 차지했다. 중국 정부가 의료특구 조성, 해외투
자 장려정책 등 시장 개방 정책을 펼치고 있기 때문이다. 물론
한류 영향으로 중국 현지에서 미용과 성형 수요가 지속되고 있
는 것도 국내 의사들의 잇따른 중국행과 무관치 않을 것이다.

 하지만 결정적인 이유를 들라 하면 국내 성형외과와 피부과
가 포화상태기 때문이다. 수도권은 고사하고 지역 대학병원도
갈 수 없고, 경제가 어려워 개원도 하지 못하는 젊은 의사들이
중국으로 이동하고 있는 것이다. 사람의 아픈 곳을 치료하고
세상에 소금과 같은 역할을 하고픈 의사들이 국내를 떠나 해
외에서 경력을 쌓고 있는 것이 한편으로는 안타까움을 금할 수
없다.

이 포화시장 상태의 한국 피부과와 성형외과에서 개원을 하고 롱런을 하기 위해선 지역 친화적이고 주민 친화적인 홍보 정책이 필수다. '이 세상에 사소한 고통은 없다'는 신념 아래 조그마한 환부라도 정성을 다해 치료를 해주며 권위적인 의사가 아닌 같은 눈높이의 의사로 다가서는 것이다. 이 부분은 원장으로서 직원 모두에게 매일 주지하고 있는 사항이기도 하다.

청년 창업자가 가진
무한한 가능성과 성공 전략

김 철 중 사장

깐부치킨 2곳, 청담이상, 목동포차, 엉터리 생고기 가맹점 운영

    필자도 다점포 점주로 살고 있지만 요 근래 한국외식경기가 나빠진 것은 누구나 느끼고 있을 것이다. 사람들이 지갑을 안 열려고 하고, 모임도 줄어들고, 외식도 집으로 배달해 먹는 이들이 늘고 있어 외식업에 종사하는 많은 이들이 어려움을 겪고 있다. 이런 상황에서는 절대 무리를 해선 안 된다. 무리하게 빚을 내가며 창업을 해야 하는 시기가 아니다. 자신이 감당할 수 있을 만큼 투자를 하고 점포를 내야 후에 만약의 사태를 대비할 수 있다.

    대한민국은 노력을 하면 성공하는 사회인가? 필자는 이 질문에 '아니오'라는 회의적인 답변을 내놓는다. 현재의 대한민국은 노력만으로 성공할 수 있는 사회는 아니다. 노력과 재력, 그리고 운이 있어야 성공에 한 발 더 다가갈 수 있다. 하지만 이제 갓 사회에 진출한 청년들에게 돈이 있을 리 만무하다. 이에 많은 청년들이 동업이나 무점포 아이디어 창업 등으로 창업의 형태를 달리하고 있다. 하지만 창업의 형태보다 중요한 상권분석에 공을 들이는 이는 별로 없는 것 같아 안타깝다.

필자는 지난 7년 반 동안 다점포 점주로 살아오면서 장사를 하기 위해선 무엇이 필요하고 중요한 지 알아왔고, 그 배움은 현재 진행형이다. 특히 상권분석의 중요성은 날이 갈수록 그 소중함이 더 커지고 있다. 청년 창업자들은 자신이 잘 아는 곳, 무조건 싼 곳만 찾으려 하지 말고 주변의 도움을 얻든 발품을 팔든 자신이 창업을 할 곳에 대한 정보를 모조리 수집해 분석해봐야 한다. 이렇게 철저하게 상권 분석을 하고 들어가도 망하는 것이 다반사인 것이 현재 외식시장의 현실이다.

또한 청년들은 세금 문제에 대해서도 공부를 지속적으로 해야 한다. 직장에 다니면 회사 차원에서 세금을 대납해주는 등 자신은 별로 신경을 안 써도 된다고 하지만 장사를 시작하면 세금을 온전히 자신이 책임지고 제때에 납부해야 한다. 특히 다점포 점주가 되려는 사람들은 세금에 대해서 자세히 공부하며 절세 방안을 알아보는 것 역시 필요하다.

자신에게 여윳돈이 있다면 프랜차이즈 창업도 좋은 방법이다. 장사를 하다 보면 예기치 않은 문제들이 부지불식간에 터져 나온다. 아무런 준비도 없이 이런 문제들을 맞닥트리면 운이 나쁜 경우 폐업으로까지 이어질 수 있다. 프랜차이즈는 일단 시장성과 대중성을 검증받고 시스템화되어 있기 때문에 예기치 못한 상황을 만날 위험성이 적다. 초기 창업을 안정적인 창업을 한 후 향후 자신이 원하는 사업 아이템으로 도전을 하는 것을 추천한다.

100세 시대에 살아가는 청년들에겐 아직 남은 삶이 무궁무진하다. 가능성과 열정이 있다는 것이 청년들이 가진 가장 큰 무기라고 생각한다. 실패도 성공도 모두 값진 경험이 될 여러분의 창업 인생이 부럽다. 색다른 아이템으로 상권을 만들어가는 건실한 청년들이 되시길 기원한다.

빠른 파도가 휘몰아치는 인테리어 시장에서의 도전과 조언

장 정 호 대표

only one unique project 인테리어회사 프라임넘버2 대표

    IMF를 이겨 나가기 위한 하나의 방법으로 IT강국 육성, 인터넷 보급 활성화, 벤처기업육성을 했던 초고속 변화 속에 20대를 맞이하며 사회 초년생이 되었다. 그러다 보니 "변화에 민감하게 반응해야 살아남을 수 있다"라는 생존법을 본의 아니게 자동적으로 체득해버렸다. 누구보다도 더 나은 삶을 위해 많은 변화와 경험을 하게 되었고, 현재도 하루가 다르게 변화하는 트렌드와 그에 따른 상황들을 받아들이고 또는 앞서가야 하는 인테리어 회사를 경영하고 있다. 누군가의 직원에서 지금의 나를 믿고 열정을 불태우는 소중한 청년들의 대표가 되기까지의 경험이 창업을 준비하는 사람들의 상황과 일맥상통한다고 생각한다. 지나온 작은 경험들로 진솔하게 조언을 해주고 싶은 몇 가지를 준비했다.

첫 번째, '경험 없는 도전'은 쉽지 않다. 예를 들면 저 멀리 산 정상이 보이지만 막상 산행을 시작하면 우거진 수풀과 정글 같은 숲에 갇혀 포기하는 다수의 경우랄까. "그럼 해보지도 않고 어떻게 경험을 하느냐"라고 반문을 할 수 있지만 방법은 있다. 바로 '간접경험'이다. 내가 경험하지 않더라도 내가 하고자 하는 일에 성공한 사람들에게 조언을 받는 것이다. 물론 내 생각과 다른 부분이 많을 수밖에 없을 것이다. 하지만 그들은 성공했고 그 다름은 내가 경험하지 못했기 때문에 다를 수도 있다는 것이다. 무조건 성공한 그들이 정답은 아니지만, 적어도 나는 시작도 못했거나 아직 성공하지 못했기 때문에 지금 창업을 준비하고 있지 않은가를 스스로에게 반문해보면 간접경험이라는 말에 일리가 있다는 생각을 할 수 있을 것이다.

내가 하고자 하는 분야의 성공한 사람들을 수소문해 찾아가 노하우를 물었을 때 쉽게 자신의 경험을 이야기 해주는 이는 거의 없을 것이다. 그것을 얻기 위해서는 많은 시간과 노력, 그리고 간절함이 필요할 것이다. 그렇다면 좀 더 쉽게 접근할 수 있는 방법이 없을까. 바로 잘 만들어져 성공한 또는 성공요인이 다분한 '프랜차이즈'가 그것. 하지만 나를 성공한 창업자로 이끌 수 있는 프랜차이즈를 찾는 것도 많은 시간과 노력, 공부가 필요할 것이다.

두 번째, '타인에게 전문가가 되어야 한다'라는 말을 하고 싶다. 만약 창업이란 것을 하고 수익이라는 것이 생겼을 때, 나는 성공이라 생각할 수 있을까? 어떤 기준으로 성공을 논할 수 있을까? 사람의 목표는 가면 갈수록 커질 것이고 성공의 절대 잣대가 정해져 있는 것도 아니다. 하지만 내가 생각하는 성공의 기준은, 앞서 말한 간접경험의 롤모델이 언젠가는 내가 되는 시점이라는 것이다. 누군가의 조언을 구하고자 시간과 노력을 쏟는 대상자가 내가 되는, 그런 사람이 많아졌을 때 그제야 '성공'이라는 말을 할 수 있지 않을까?

운이 좋아 장사가 잘되어 돈을 많이 벌었다? 그 운을 가르칠 수는 없다. 이와 같이 누군가의 성공한 롤모델이 되기 위해서는 프랜차이즈이던 아님 성공한 사람이던 하나부터 열까지 전문적으로 조언을 해줄 수 있어야 한다. 내 직원, 내 손님에게 내 사업장 내의 모든 상황들에 대해 설명하고 가르칠 수 있을 만큼 '그 분야의 전문가가 되어야 한다'라고 말하고 싶다.

세 번째, '노력'을 이기는 것은 없다. 경험을 이야기 하자면 아무것도 모르던 일도 한 달 동안 평균 두어 시간 자고 그것에만 몰두하다 보니 점점 눈에 들어오기 시작하고 자연스레 손이 움직여지더라. '겨우' 그 정도 노력은 해야 남들이 성공이라 가볍게 말하는 '운'도 따를 것이고 운이라는 게 들어왔을 때 누군가의 롤모델이 될 수 있다. 앞서 말한 조언들을 생각했을 때 "당연하다"라고 동의하는, 쉽게 성공을 좇기보다 마음속에 열정을 가진 창업자가 되길 바란다.

누군가의 롤모델이신 권순만 원장님의 출판을 축하 드리고 이 책을 읽는 사람이 누군가의 롤 모델이 되길 기원한다.

17년차 장사꾼이 말하는 답은,
바로 '인적 자원 구성'의 중요성!

강 재 영 대표

前 화장품 전문점, 생활용품점,
의류매장 대표 現 청담이상 가맹점 4곳 운영

  화장품 전문점, 브랜드 화장품, 의류매장 등을 운영해오면서 20여 년 가까운 시간을 장사를 하며 살아왔다. 이제는 장사도 사업이라 칭하며 존중해주는 분위기이지만 내가 장사를 처음 시작했을 때만 하더라도 장사는 그저 장사일 뿐이었다. 하지만 외식업을 고려하다가 청담이상을 운영하면서 내 스스로도 장사가 아닌 '사업'을 하고 있다는 느낌을 강하게 받는다. 창업을 고려하고 있는 독자들에게 장사에서 사업가가 되기까지의 여정을 조언해 주고자 한다.

  나는 제자리에 멈춰 서서 안주하는 스타일이 아니다. 다양한 업계를 경험해보고도 항상 새로운 아이템에 눈길이 갔다. 장사가 되지 않아서 문을 닫았던 경우는 없다. 하지만 도전의식이 새로운 업종으로 나를 이끌었기 때문이다. 사람들은 나이가 들어가면서 도전보단 현실에 안주하며 그것을 지키기에 바쁘다. 이뤄놓은 것이 행여 무너질 까 봐 노심초사하며 방어적인 삶을 사는 것이다. 하지만 그런 삶이 무엇이 보람차고 재미있겠는가? 인간은 태초부터 도전하며 사는 것이 숙명인 존재다. 적어도 나에게 외식업은 그런 숙명이었고 운명이었다.

하지만 나의 도전엔 몇 가지 불문율이 있다. 내가 행복한 도전이어야 할 것, 나를 만나는 모든 사람들 역시 행복해져야 할 것 등이다. 외식업을 고려하면서 한참 유행이었던 디저트 전문점을 고려도 했었지만, 우선 여러 아이템을 분석한 결과 단기적인 수익에 그치는 아이템보다는 장기적인 '비전'이 답이라고 생각했다. 국내 최고의 프리미엄 이자카야가 가진 전망성은 나의 불문율에 부합하는 좋은 창업 아이템이었던 것이다. 그 결과 현재는 동일 브랜드로 4개 매장을 운영하며 약 70여 명이 넘는 직원들과 함께 장사보단 '사업'이라는 타이틀이 더 어울리는 자리에 와 있다.

오랫동안 다양한 업종의 장사를 해 온 나는 나름의 운영 기준이 있다. 바로 '효율성'이다. "운영에 있어 가장 지켜야 할 효율성을 지니고 있는 것은 무엇인가?"라는 질문에 답을 찾아야 했다. 외식업은 처음이었지만 첫 매장을 시작으로 브랜드 이해도와 운영 또한 방법론의 차이이지 워낙 오랫동안 다양한 매장을 운영해왔기에 체득하는 데는 큰 시간이 걸리지 않았다. 그 시간 동안 얻은 답은 바로 '사람'이라고 판단했다. 손님을 위해 음식을 만들고 손님을 위한 서비스 제공하는 것도 모두 나의 직원, 곧 사람이었던 것이다.

현재 4개 매장을 운영하면서 약 70명의 직원들을 운영하고 관리할 수 있는 이유는 우리 일에, 매장에 애착을 가질 수 있도록 근무환경 개선과 사기 증진에 힘을 썼다. 또한 파트별로 관리자를 두어 직원들의 각 분야별 전문성을 키울 수 있도록 하여 '인력'에 투자를 기울였다. 그 결과는 성공적이었다. 직원들의 근속연수가 늘어나면서 흩어져 있던 각 매장의 음식의 맛도 향상시키는 동시에 브랜드가 가진 맛의 통일성을 갖출 수 있게 되었다. 또한 접객 서비스가 향상되면서 단골 고객이 증가하며, 중요한 것은 매장 간의 인력 유동성이 생기면서 운영 효율의 극대화를 불러왔다. 사업의 기준을 삼고 묵묵히 달려온 것에 보람을 느끼고 목표를 더욱 확고히 하게 된 시점이었다.

장사를 오랜 시간 해오다 보니 브랜드이던 직원들이던 정말 좋은 파트너를 만나는 것이 그렇게 든든한 일일 수 없다. 나라의 정책도 중요하고 경제 상황도 중요하지만 믿음직한 사업 동반자가 곁에 있다는 것이 성공으로 가는 가장 큰 요인인 것을 깨닫는다. 장사를 먼저 시작한 선배로서 자신이 생각하는 목표와 기준점을 가지고 좋은 파트너를 만날 수 있는 기회를 계속적으로 갈구하고 찾길 바란다.

창업이라는 긴 여정을
떠나는 당신에게

권순만

現 한국창업능률개발원 원장
現 (주)리코플레이트 부사장

대한민국 예비창업자들의 멘토로
활약하고 있는 창업 컨설턴트.
자영업자와 가맹점주들의 입장에서
생각과 행동을 하는 선한 실천가다.
〈잠수함의 토끼〉처럼
창업에 있어서 만큼 예민하고 섬세해
대한민국 창업업계에서
상생하는 컨설턴트로 유명하다.

1판 1쇄 인쇄 2018년 11월 23일
1판 1쇄 발행 2018년 11월 30일

저자 권순만

발행 김성룡
교정 배성철
디자인 김영주 박은순

펴낸곳 도서출판 가연
주 소 서울시 마포구 월드컵북로 4길 77, 3층
(동교동, ANT 빌딩)
전 화 02-858-2217
팩 스 02-858-2219

ISBN 978-89-6897-044-3 03320